Glückauf

Reise durch das

RUHRGEBIET

Bilder von
Brigitte Merz

Texte von
Reinhard Ilg und Christoph Schumann

Stürtz

Erste Seite:
Die Zeche Lohberg im Dinslakener Stadtteil Lohberg war ein Steinkohlenbergwerk, das 1914 die planmäßige Förderung aufnahm. Stillgelegt wurde die Zeche Ende 2005.

Vorherige Seite:
Das grüne Ruhrgebiet: Wer vom berühmten Gasometer in Oberhausen den Blick schweifen lässt, sieht neben dem Häusermeer der Innenstadt, dem Bahnhof und der St. Marienkirche viel Grün. Im Hintergrund liegt Mülheim an der Ruhr.

Unten:
In Essen auch heute noch überall präsent: Vor der Marktkirche erinnert seit 1889 ein Denkmal des Bildhauers Fritz Schaper an den Firmengründer und Grundleger der Krupp-Dynastie: Alfred Krupp.

Seite 10/11: Das Ruhrgebiet unter Dampf: Im Norden von Duisburg zeigt sich im Stadtteil Alsum das Revier noch von seinen typischen Seiten. Vom „Alsumer Berg“ – einer heute begrünten Schutthalde – fällt der Blick unter anderem auf das riesige Werksgelände von ThyssenKrupp Steel.

Inhalt

Zu einem Besuch in Duisburg gehört eine Hafenrundfahrt durch Europas größten Binnenhafen ohne Frage dazu. Die weit verzweigten Anlagen erstrecken sich von der Innenstadt bis Ruhrort, wo die Ruhr in den Rhein mündet. Unter seinem modernen Titel „Duisport" ist der traditionsreiche Hafen – hier der Außenhafen – eine der großen Verkehrs- und Logistikdrehscheiben der Ruhrregion.

Ob mit dem Auto oder per Bahn: Wer das Ruhrgebiet zum ersten Mal erreicht, ist meist überrascht, ja verwirrt von der schnellen, übergangslosen Abfolge von Städten. Aus Richtung Berlin und Hannover kommend, gelangen Autofahrer über Dortmund via Autobahn A 2/A 3 weiter nach Castrop-Rauxel, Gelsenkirchen und Essen. Als Fernziel im Westen ausgeschildert ist Oberhausen. Alternativ geht es über die A 42 ins Herz der Region, Essen. Und noch weiter im Süden ist es die A 40, die von Dortmund im Osten bis Duisburg und Moers im Westen das Ruhrgebiet verbindet. Die einstige Bundesstraße 1 folgt dem historischen Hellweg, einer großen Königs-, Heeres- oder Handelsstraße – damit ist die heute zu den meistbefahrenen Autobahnen zählende Tangente wie in ihren Anfängen im Mittelalter eine unverzichtbare Schlagader des Ballungsraums. Hinzu kommen unzählige Nord-Süd-Querungen wie A 45, A 43, A 59 und viele weitere. Auch Bahnfahrer können, beispielsweise auf der Reise von Hamburg nach Köln, Bekanntschaft mit vielen der großen Städte des Ruhrgebietes machen: Nach Dortmund folgen Bochum, Essen, Mülheim an der Ruhr und Duisburg.
Insgesamt 53 Städte bilden heute das etwa 4435 Quadratkilometer große Ruhrgebiet. Mit circa 5,3 Millionen Einwohnern ist die Region zwischen Lippe und Emscher im Norden und der Ruhr im Süden, zwischen Rhein im Westen und dem Dortmund-Ems-Kanal im Osten der drittgrößte Ballungsraum Europas. Menschen

aus etwa 140 Nationen leben hier und haben im „Revier" eine Heimat gefunden. Auf die Frage nach ihrer Herkunft antworteten früher die meisten „Ruhries" mit dem Namen ihrer Stadt: Wer aus Dinslaken kam, hatte mit Recklinghausen wenig gemein. Und wer in Bottrop oder Gladbeck zur Welt gekommen war, konnte gut leben, ohne je in Wattenscheid oder Hattingen gewesen zu sein.

Rheinland und Westfalen

Diese Eigenständigkeit hat ihre Wurzeln nicht zuletzt in einer Mentalität, die verschiedener nicht sein könnte: Der Westen des Ruhrgebietes ist rheinisch, der Osten westfälisch – klarer können Grenzen kaum sein ... Hinzu kommt, dass mit der Aufgliederung in gleich drei Regierungsbezirke – Düsseldorf, Arnsberg und Münster – auch eine immer wieder vergeblich geforderte überregionale Verwaltungseinheit fehlt. Als eigentlicher Kern des Ruhrgebietes gelten die Mitglieder des 1920 gegründeten Siedlungsverbandes Ruhrkohlenbezirk, dem heutigen Regionalverband Ruhr (RVR): Dazu gehören die kreisfreien Städte Bochum, Bottrop, Dortmund, Duisburg, Essen, Gelsenkirchen, Hagen, Hamm, Herne, Mülheim an der Ruhr und Oberhausen. Hinzu kommen die Kreise Recklinghausen, Unna, Wesel und der Ennepe-Ruhr-Kreis.

Gleichwohl ist im Ruhrgebiet in den zurückliegenden Jahrzehnten eine Identität gewachsen, die über die engen Stadtgrenzen hinausgeht: Kam man einst aus dem „Pott" oder „Revier", verortet man sich heute gern mit „Ich bin aus dem Ruhrgebiet" – und erst im zweiten Schritt aus Rauxel, Dorsten oder Essen-Kettwig. Galt es bis in die 1960er- und 1970er-Jahre hinein noch als Makel, im Ruhrgebiet geboren und aufgewachsen zu sein, machen „Ruhries" aus ihrer Herkunft längst kein Geheimnis mehr. Im Gegenteil.

Große Ausnahme: der Fußball. Denn beim Kampf ums runde Leder hört die Gemeinsamkeit auf. Fans des 1904 gegründeten FC Gelsenkirchen-Schalke 04 e.V. (kurz: Schalke 04) sind traditionell nicht gut auf Anhänger des fünf Jahre später gegründeten Ballspielvereins Borussia 09 e.V. Dortmund zu sprechen. Ebenso gehören auch Spiele zwischen Mannschaften wie MSV Duisburg (1902) und VfL Bochum (1938) oder zwischen Rot-Weiß Oberhausen (1904) und Rot-Weiß Essen (1907/1923) zu den echten Derbys. Erster echter Fußballverein im Revier ist im übrigen der Wittener Fußballclub von 1892 – wie alle anderen ursprünglich kein Arbeiter-, sondern ein von wohlhabenderen Bürgern mit einem Faible für England gegründeter Ballsportverein.

Der „Pott“ von oben

War das wegen seiner vielen Zechen und Hochöfen einst meist kurz „Pott“ genannte Ruhrgebiet bis Mitte/Ende der 1980er-Jahre noch „vor Arbeit ganz grau“, wie Herbert Grönemeyer in seiner 1984 entstandenen Hymne „Bochum“ sang, prägen heute der schon 1961 von Willy Brandt geforderte „blaue Himmel über der Ruhr“ sowie beeindruckend viel Kultur und Natur die Region.

Den besten Eindruck vom Revier hat man – von oben. Von der Aussichtsplattform des Hochofens 5 im Landschaftspark Duisburg-Nord, des einstigen Hüttenwerks in Meiderich, zum Beispiel geht der Blick bei einer nächtlichen Fackelführung im Westen über den Rhein gen Niederrhein und im Osten bis zu den beleuchteten Hochhäusern der Essener Innenstadt oder zum Tetraeder in Bottrop. Noch beeindruckender ist die Aussicht von einer der bekanntesten „Industriekathedralen“ des Ruhrgebietes – vom 117 Meter hohen Gasometer in Oberhausen. Errichtet 1929 als Großspeicher für Kokereigas, gilt das Bauwerk am Rhein-Herne-Kanal längst als eine der spannendsten Ausstellungshallen Deutschlands. Unter anderen inszenierten die beiden Verhüllungskünstler Christo und Jeanne-Claude hier 1999 ihr Projekt „The Wall“ aus 13 000 alten Ölfässern.

Verewigt haben die Aussicht vom Gasometer die Oberhausener Kabarettistinnen Gerburg Jahnke und Stephanie Überall in ihrem „Heimat“-Lied „Oberhausen“: „München und Hamburg sind dir völlig schnuppe. Lieber auffem Gasometer im Sturmesbrausen und alles watte wills, is Oberhausen.“ Vielleicht lassen sich an kaum einer anderen Stelle zwischen Duisburg und Dortmund im Überblick so deutlich die Veränderungen erkennen, die das Revier in den beiden Jahrzehnten vor der Jahrtausendwende erfahren hat: Man sieht das „CentrO“, Europas größtes Einkaufscenter, auf dessen Gelände in Oberhausen-Sterkrade noch zu Beginn der 1990er-Jahre ein Stahlwerk stand. Richtung Norden zeigen sich die Parkanlagen der Landesgartenschau von 1999 – das Gelände der einstigen Kohlenzeche Osterfeld.

Damit finden sich im Gebiet um den Gasometer gleich mehrere markante Beispiele für den seit rund vier Jahrzehnten ablaufenden Strukturwandel im Ruhrgebiet. Viele der alten Stätten der Montanindustrie wurden zu Dienstleistungszentren oder zu Kultur- und Erholungslandschaften umgestaltet. Doch der langsame Abschied des Ruhrgebiets von der rund 150 Jahre andauernden Dominanz der Montanindustrie ist weit mehr: Neue und moderne Branchen wie Informationstechnologie, Medizin, Logistik sowie Energie- und Wasserwirtschaft bestimmen

Hoch über dem Baldeneysee thront die Villa Hügel im Essener Stadtteil Bredeney. Firmenpatriarch Alfred Krupp ließ das fast 30 Hektar große Anwesen 1873 zu Wohn-, vor allem aber zu Repräsentationszwecken erbauen. Riesige Familienporträts in Öl verleihen den 269 Räumen bürgerlichen Glanz.

jetzt den wirtschaftlichen Schwerpunkt des Reviers. Gleichwohl spielen Kohle und Stahl auch weiterhin eine wichtige, wenn auch kleiner werdende Rolle.

Immer weniger „Kumpel“

Schon ein Blick auf die Beschäftigtenzahlen zeigt, wie stark das Ruhrgebiet seit dem Mitte der 1960er-Jahre eingeläuteten Rückzug der Montanindustrie vom Strukturwandel verändert wurde. Fanden im Bergbau 1957 noch mehr als 470 000 Beschäftigte Arbeit und Lohn, sind es zurzeit noch rund 30 000 – mit fallender Tendenz. Und von den ehemals 141 Zechen, die einst Steinkohle förderten, sind heute nur noch sechs in Betrieb. Zuletzt schlossen im Jahr 2008 mit den Bergwerken Lippe und Duisburg-Walsum gleich zwei Zechen. Bis zum Jahreswechsel 2012/2013 sollen drei weitere für immer schließen. Nach dem Kohleausstiegsbeschluss von Bund und Ländern soll die Förderung von Steinkohle im Ruhrgebiet 2018 komplett eingestellt werden.

In der Stahlindustrie ging in den vergangenen Jahrzehnten ebenfalls die Mehrheit der Arbeitsplätze verloren. Zählte die Branche im Revier Ende der 1950er-Jahre mehr als 300 000 Beschäftigte, sind es heute nur noch rund 57 000. Seit Mitte der 1980er-Jahre arbeiten zwischen Recklinghausen und Hagen, Bochum und Mülheim mehr Menschen in Dienstleistungsberufen als im produzierenden Gewerbe. Heute stehen rund 1,4 Millionen Beschäftigten im Dienstleistungssektor noch knapp 700 000 in der Industrie gegenüber. Doch das Wachstum des Dienstleistungssektors konnte den Verlust von rund 445 000 Arbeitsplätzen, die im produzierenden Gewerbe allein seit 1976 verloren gegangen sind, bis heute nicht auffangen. Darum liegt die Arbeitslosenquote im Ruhrgebiet im Vergleich zum übrigen Nordrhein-Westfalen immer noch höher – im Schnitt knapp drei Prozentpunkte. An der Spitze der Arbeitslosenstatistik liegen seit Jahren die früheren Hauptzentren der Montanindustrie: Gelsenkirchen, Dortmund und Duisburg.

Die Anfänge des Ruhrgebiets

So schnell das Ende der Montanindustrie und des Beschäftigungsaufbaus zu kommen scheint, so rasant war die Entwicklung des Ruhrgebietes. Noch Ende des 18. Jahrhunderts war die Region des heutigen Reviers wie das nahe Münsterland oder der Niederrhein von Landwirtschaft geprägt. Vor allem am Hellweg – der heutigen A 40 – konzentrierten sich Hansestädte, Freiheiten und Dörfer. Größte Städte waren Duisburg und Dortmund mit mehr als 5000 Einwohnern. Zur selben Zeit lebten in der Munizipalität Mülheim an der Ruhr im Süden der Region bereits mehr als 11 000 Menschen. Gelsenkirchen und Herne im nördlich gelegenen Emscherland dagegen hatten zu dieser Zeit nur wenige hundert Einwohner.
Ursprung der Industrialisierung waren einzelne Eisenhütten wie die schon 1758 entstandene St.-Antony-Hütte in Oberhausen-Osterfeld, die 1782 gegründete Gutehoffnungshütte in Oberhausen-Sterkrade und die Eisenhütte Neu-Essen in Oberhausen-Lirich (1791). Sie entwickelten wichtige Technologien der Eisenerzeugung durch den Abbau von Erzen, die unter Einsatz von Holzkohle verhüttet wurden. Steinkohle wurde in der Region schon im 13. Jahrhundert abgebaut. Als Ursprung des Ruhrbergbaus gilt das Muttental bei Witten beziehungsweise Hattingen. Ein industrieller Bergbau setzte aber erst nach 1800 ein. Dann ging alles schnell: Innerhalb weniger Jahrzehnte entstanden im Umfeld der Ruhr mehr als 220 Zechen, bis 1850 waren es fast 300. Aus der Kohle wurde vor allem in Kokereien Koks gewonnen, das in den Hochöfen der Eisen- und Stahlhütten zur Roheisen- und Stahlerzeugung benötigt wurde. Noch ehe die Kohlevorkommen an der Ruhr erschöpft waren, entstanden weiter nördlich neue Zechen: Der Ruhrbergbau „wanderte“, den Flözen in die Tiefe folgend, von Süden nach Norden, von der Ruhr an die Emscher und weiter zur Lippe.

Gäste, die bleiben

Das wirtschaftliche Wachstum des Ruhrgebietes verlangte nach immer mehr Arbeitskräften. Entsprechend stiegen die Bevölkerungszahlen fast explosionsartig: Hatte Bochum beispielsweise anno 1800 noch 2200 Einwohner, so waren es um 1900 schon 65 000, 1905 sogar bereits 117 000. Frühere Dörfer entlang der Emscher entwickelten sich zu Großstädten. Viele der Bergarbeiter kamen aus dem Osten des preußischen Reiches ins Ruhrgebiet – zwischen etwa 1870 und 1914 kamen schätzungsweise 70 000 Zuwanderer, viele von ihnen aus Polen und Schlesien. Die Arbeiter der Bergwerke wohnten meist in Arbeitersiedlungen, den

Zu Besuch im Landschaftspark Duisburg-Nord: Vom Hochofen 5, mit dessen letztem Abstich 1985 die Maloche in der Thyssen-Eisenhütte endete, fällt der Blick auf das rund 200 Hektar große Areal. Wo einst Stahl produziert wurde, entstand ab 1994 Europas größter „Multifunktionspark" – in historischer Kulisse sind Klettergärten, Tauchsportangebote, aber auch Kulturleben untergebracht. Im Hintergrund liegt Duisburg-Hamborn mit der Kirche St. Joseph.

Zechenkolonien. In diese zogen im Nachkriegsdeutschland ab Ende der 1950er-Jahre dann auch die ersten sogenannten Gastarbeiter ein – angeworben, als der „Pott noch kochte" und Vollbeschäftigung herrschte, kamen sie zunächst aus Italien, Spanien, Jugoslawien, wenige auch aus Griechenland. Ab 1960 folgten weitere aus Portugal und der Türkei – „Gastarbeiter", die wie ihre Vorgänger 80 Jahre zuvor längst im Ruhrgebiet sesshaft geworden sind.
Mit diesen kamen und blieben nicht nur markante Namen wie der als „Tatort"-Kommissar verewigte Horst „Schimanski". Auch die direkte, für Außenstehende oft hemdsärmelig wirkende und von manchen als Dialekt beschriebene Sprache der Menschen im Ruhrgebiet entwickelte sich aus einer Mischung aus Deutsch mit zahlreichen Lehnwörtern aus dem Polnischen oder Jiddischen – darunter Begriffe wie Mottek (= Hammer), Kokolores (= Unsinn), Gedöns (= Umständlichkeit oder wertlose Gegenstände) und viele andere. Eine besondere Eigenart des „Ruhrdeutschen" ist neben seiner knappen Grammatik mit nur wenigen Fällen (z.B. „der Omma ihr Hut") ohne Frage auch sein Hang zur prägnanten Verkürzung: „Hömma Mama" für „Hör mal bitte zu, Mutter" oder „Komma mit anne Ruhr" für „Komm einmal mit an die Ruhr" etc. (Literaturtipp: Claus Sprick: „Hömma! Sprache im Ruhrgebiet"; www.ruhrgebietssprache.de). Unvergessene Protagonisten und Stimmen des Ruhrpotts sind Adolf Tegtmeier alias Jürgen von Manger und sein Alter ego Herbert Knebel alias Uwe Lyko. Mit ihren realen Vorbildern haben sie eines gemein: Mit Menschen aus dem Ruhrgebiet kommt man schnell ins Gespräch über Gott und die Welt – auf dem Wochenmarkt, in der Straßenbahn und natürlich an einer der geschätzt 18 000 typischen Buden oder Trinkhallen um die Ecke.

Bald von einst: die Steinkohle

Wie Götz George in seinem letzten Fall als Fernsehkommissar Horst Schimanski 1991 seine berühmte Jacke weit über die Dächer von Duisburg wirft und sein Proletarier-Image ablegt, hat auch das Ruhrgebiet sein altes Image mehr

Industrieanrainer und Naherholungsgebiet: Im Duisburger Norden prägen nicht nur Stahl- und Walzwerke das Bild am Rhein – manchmal zeigt sich der viel befahrene Strom auch von seiner idyllischen Seite. In der Ferne auf der anderen Rheinseite ist die Halde Rheinpreußen in Moers zu erkennen.

und mehr abgelegt. Wer heute durch das Ruhrgebiet reist, sieht zwar immer noch vielerorts die Fördertürme der Steinkohlezechen – doch die meisten von ihnen sind längst stillgelegt. Von den 141 Bergwerken, die noch Ende der 1950er-Jahre rund 125 Millionen Tonnen Kohle im Jahr aus der Erde förderten, sind nur noch sechs mit einer Jahresproduktion von rund 17 Millionen Tonnen geblieben. Und politisch ist längst beschlossen, dass die Steinkohleproduktion weiter fällt (auf zehn Millionen Tonnen 2013), um 2018 ganz Geschichte zu sein. Teil des Ausstiegsbeschlusses ist allerdings, dass der Bundestag diese Entscheidung im Jahr 2012 noch einmal überprüft. Dieses vorgesehene Aus für die Steinkohle hat auch zu Veränderungen in der Unternehmenslandschaft geführt: Den Zechenbetreiber RAG (Ruhrkohle AG), der selbst aus der Ruhrkohle hervorgegangen und einst gleichbedeutend mit dem Ruhrbergbau war, gibt es nicht mehr. Aus dem RAG-Technologiebereich mit den Töchtern Degussa (Spezialchemie) und Steag (Kraftwerke und Energie) sowie dem RAG-Immobiliensektor entstand 2007 der Mischkonzern Evonik Industries. Die Kohle-Sparte wurde unterdessen in die RAG-Stiftung ausgelagert, die zugleich Mehrheitseigner bei Evonik ist. Sinn dieser Konstruktion: Die Stiftung soll schrittweise ihre Anteile an Evonik auf den Kapitalmarkt bringen, um aus den erwarteten Erlösen von geschätzt vier Milliarden Euro die langfristigen „Ewigkeitskosten" zu decken: Darunter fallen alle Aufwendungen nach Stilllegung der Zechen – etwa für künftige Bergschäden, die weiterhin notwendige Entwässerung der Bergwerke sowie die Pensionen für die Kohlekumpel.

Von Stahl und Energie

Noch aber steht das Revier nicht nur wegen der Kohle energiewirtschaftlich weiter unter Strom. Wie schon in der Vergangenheit ist die Region auch heute Deutschlands größter Energieproduzent – mit Kraftwerken, die sowohl mit Kohle wie ebenso mit Gas oder Öl betrieben werden. Die gesamte Energiebranche ist darüber hinaus im Revier ein bedeutender Umsatzbringer und

Wachstumsmotor. So ist Essen das Zentrum der deutschen Energiewirtschaft mit Sitz der Branchenriesen RWE, Evonik und Europas führender Ferngasgesellschaft Ruhrgas.
Ähnlich ist es beim Stahl. Geschrumpft, aber grundsätzlich gesund: So lässt sich die Lage des Wirtschaftszweigs heute beschreiben – selbst wenn die Branche in diesem Jahr unter Absatzschwierigkeiten als Folge der Wirtschafts- und Finanzkrise zu leiden hat. Das Sagen hat nach zahlreichen Fusionen früherer Wettbewerber jetzt die ThyssenKrupp Steel AG, mit einer Jahresproduktion von 15 Millionen Tonnen Flachstahl einer der weltweit bedeutendsten Stahlproduzenten.
Die hochproduktive Stahlerzeugung, bei der mit Hilfe modernster Technik nur wenige Leute in den Stahlwerken riesige Anlagen steuern, konzentriert sich überwiegend auf den Raum Duisburg, der größten Stahlstadt Europas. Dort ist die Branche immer noch wichtigster Arbeitgeber. ThyssenKrupp steht zugleich auch für erfolgreichen Strukturwandel ehemaliger Montanriesen. Denn auch wenn das Stahlgeschäft nicht zuletzt dank der derzeit hohen Abnahmepreise hervorragend läuft, ist es im Konzern nur noch eine von vielen wirtschaftlichen Aktivitäten. Über zwei Drittel seines Umsatzes macht ThyssenKrupp inzwischen mit Investitionsgütern sowie Handel und Dienstleistungen. Mit dem Umzug in seine Essener Hauptverwaltung kehrt ThyssenKrupp Düsseldorf den Rücken und verlegt seinen Stammsitz zurück zu den Wurzeln des Unternehmens: Krupp wurde bereits 1811 von Friedrich Krupp in Essen gegründet, den Beginn des Thyssen-Aufstiegs legte August Thyssen 1891 in Duisburg-Hamborn.

Stichwort: Strukturwandel

Die Kohle- und Stahlkrise der 1960er- und 1970er-Jahre traf den Motor des (west-)deutschen Nachkriegswirtschaftswunders hart. Sie zwang die Region zum wirtschaftlichen Umdenken. Statt zur im internationalen Vergleich teureren Ruhrkohle begann die Industrie mehr und mehr zu billigerem Erdöl und Importkohle zu greifen. Mitte der 1970er geriet dann auch die Stahlindustrie vor allem durch den zunehmenden internationalen Wettbewerbsdruck ins Wanken und entließ Hunderttausende – die Region schien am Boden. Die Steuereinnahmen aus der Großindustrie sanken. Die Fixierung auf Kohle und Stahl ließ die Ansiedelung anderer Branchen kaum zu. Das Ruhrgebiet stand vor der gewaltigen Herausforderung, sich gewissermaßen neu zu erfinden. Dies ging nicht ohne kräftige finanzielle Spritzen: Mit der Anschubhilfe durch milliardenschwere Förderungen, die 1968 mit dem „Entwicklungsprogramm Ruhr" begannen, entstand in den Jahrzehnten eine völlig neue Wirtschafts- und Bildungslandschaft. Mit der Ruhr-Universität Bochum wurde Mitte der 1960er die erste Hochschule im Revier gegründet. Heute sind es insgesamt sechs, dazu neun Fachhochschulen sowie die Essener Folkwang Universität für Musik, Theater, Tanz, Gestaltung und Wissenschaft. Witten-Herdecke ist zudem Heimat von Deutschlands erster Privatuniversität.

Weitere Impulse für den Strukturwandel kamen ab den 1980ern durch die Bildung von Technologie- und Gründerzentren. Heute beherbergen etwa 30 Technologiezentren mehr als 600 technologieorientierte Firmen. Als deutschlandweit führend gilt das Technologiezentrum Dortmund an der dortigen Universität mit den Schwerpunkten Biomedizin, Umwelttechnologie und Maschinenbau. Dortmund beheimatete einst mit Kohle, Stahl und Bier gleich ein „klassisches" Branchen-Dreigestirn des Ruhrgebietes. Stahl und Kohle sind Vergangenheit – und von einst elf Brauereien sind nur zwei übrig geblieben. Synonym für den Wandel ist das bekannte Dortmunder „U": Einst weithin sichtbares Wahrzeichen der Union-Brauerei unweit des Hauptbahnhofs, entstehen unter dem denkmalgeschützten Markenzeichen neue Räume für Kreative.

Ähnlich radikal ist der Wandel auf der anderen Seite des Ruhrgebietes: Auf dem Areal des früheren Krupp-Stahlwerks entwickelte sich in Duisburg-Rheinhausen eine moderne Erfolgsgeschichte. Auf rund 300 Hektar wuchs hier als Ergänzung zu Europas größtem Binnenhafen eine neue Drehscheibe für Warenströme in Deutschland, Europa sowie von und zu den großen Nordsee-Häfen: Das Ende der 1990er unter dem Namen „Logport" gegründete Logistikzentrum umfasst unter anderem ein eigenes Hafenbecken und ein Containerterminal. Mehr als 40 Unternehmen haben sich hier angesiedelt, mehr als 3000 Menschen sind hier beschäftigt – immerhin halb so viele Arbeitsplätze wie einst bei „Krupp", für deren Erhalt die Kruppianer 1987 in einem bis heute unvergessenen Arbeitskampf rangen.

Zukunft Tourismus und Kultur?

Der Rückzug von Kohle und Stahl hat dem Ruhrgebiet auf zwei anderen Feldern neue Chancen eröffnet: in Kultur und Tourismus. Denn viele der einst unzugänglichen Werksareale sind heute als „Industriekathedralen" ebenso imposante wie attraktive Besucherziele. Dazu gehört vor allem die zum UNESCO-Weltkulturerbe zählende Zeche Zollverein in Essen, aber auch der Landschaftspark Duisburg-Nord oder der

Teil der Route der Industriekultur quer durchs Ruhrgebiet ist auch die Jahrhunderthalle im Bochumer Stadtteil Stahlhausen. Heute ein beliebter Veranstaltungsort, wurde die Halle ursprünglich 1902 für die Düsseldorfer Gewerbeausstellung erbaut. Die Stahlkonstruktion ist ein frühes Meisterwerk der Ingenieurskunst – komplett demontierbar, wanderte sie vom Rhein nach Bochum, wo sie Jahrzehnte als Gebläsehalle für die Hochöfen des Bochumer Vereins diente.

Gasometer in Oberhausen. Die Neugier scheint da: Mit einem Umsatz von rund 1,2 Milliarden Euro und offiziell 14 000 Arbeitsplätzen – fast so viele, wie in wenigen Jahren noch als Stammbelegschaft für die Kohleförderung vorgesehen sind – ist der Tourismus ein ernstzunehmender Wirtschaftsfaktor an Rhein und Ruhr. Publikumsmagneten sind neben den alten Industriewahrzeichen zunehmend auch die Kultur- und Freizeitattraktionen im Revier. Etwa der familienorientierte Freizeitpark Movie Park Germany in Bottrop, vor allem aber die vielen Theater, Museen und Musikstätten vom Museum Folkwang in Essen über das Bochumer Schauspielhaus und Essener Aalto-Theater bis hin zum Konzerthaus Dortmund, der Deutschen Oper am Rhein, dem „Starlight Express"-Theater in Bochum und der Musicalbühne Colosseum in Essen sowie vielen anderen. Internationaler Höhepunkt des Strukturwandels aber ist das Festival „Ruhr2010", mit dem sich das Ruhrgebiet als erweiterte Metropole Ruhr ein Jahr lang als Kulturhauptstadt Europas präsentiert. Ob das Motto – „Hier wird neue Energie gefördert. Sie heißt Kultur." – aber tatsächlich zukunftsweisend, nachhaltig und vor allem Arbeitsplatz schaffend für das Ruhrgebiet nach dem Strukturwandel ist, wird sich erst in Jahren, ja Jahrzehnten zeigen.

Seite 22/23:
Einst Eisenbahnhafen, heute unter anderem Filmkulisse für „Tatort"-Krimis und Freizeitrevier: In Duisburg-Ruhrort liegen Freizeitboote dort, wo früher Frachtschiffe das Bild prägten. Wie an vielen Stellen im Ruhrgebiet, soll auch hier die alte Industriearchitektur modernen Wohnungen und Dienstleistungsgebäuden weichen.

Seite 24/25:
Die Altstadt von Essen-Kettwig gehört zu den malerischsten Seiten des Reviers. Erst 1975 wurde das bis dahin selbstständige Kettwig dem großen Essen eingemeindet. Die historische Marktkirche und viel Fachwerk prägen das Bild. Die Kettwiger Brücke über die Ruhr im Bildvordergrund wurde schon 1282 erstmals erwähnt.

Brücken-Cafe

Wo Ruhr und Rhein sich treffen – der Westen

Industriekulisse in Duisburg-Ruhrort: Wo die Ruhr in den Rhein mündet, liegt der größte Binnenhafen Europas. Ein Spaziergang auf den Rheindeichen bei Ruhrort oder Beeckerwerth gehört zu den Sonntagsvergnügen der Duisburger.

Mülheim an der Ruhr, Duisburg am Rhein – im Westen des Ruhrgebietes signalisieren schon die Städtenamen, dass der Blick in eine andere Richtung geht als im westfälischen Osten: Rheinland und Niederrhein sind den Menschen hier näher als Sauerland und Pumpernickel. Zwar zeigt sich am Rhein zwischen Wesel und Duisburg noch heute eine beeindruckende Industriekulisse aus Kraftwerken wie in Voerde und Duisburg-Walsum, bilden Europas größte Hochöfen von Duisburg-Schwelgern und Europas größter Binnenhafen in Ruhrort eine markante Silhouette – doch wer über eine der vielen Brücken oder mit der Fähre zwischen Duisburg-Walsum und Orsoy den Rhein überquert, entdeckt eine andere Welt: Zwischen Moers, Alpen, Xanten und Kevelaer zeigt sich das „flache Land“ des Niederrheins mit Landwirtschaft, Natur und Kirchtürmen fast noch ursprünglich ländlich.

Jenseits der Rheinauen aber, in denen von Herbst bis Frühjahr alljährlich zehntausende Wildgänse überwintern, gibt sich das Ruhrgebiet gewandelt. In Duisburg, wo die Ruhr in den Rhein mündet, ist am Innenhafen eine neue Kultur- und Flaniermeile entstanden. Und der Landschaftspark Duisburg-Nord mit seiner alten Industriekultur, aber auch renommierte Häuser wie das Wilhelm Lehmbruck Museum oder das Theater setzen andere Akzente.

Gleiches gilt für Bottrop mit dem sehenswerten „Josef Albers Museum Quadrat“ oder Gladbeck, das in der Zeche Zweckel einen spannenden Veranstaltungsort gefunden hat. Längst bekannter als Einkaufs-, denn als Stahlstadt ist Oberhausen: Europas größtes Shoppingcenter CentrO lockt auf dem Gelände der einstigen Gutehoffnungshütte Kauflustige selbst aus den Niederlanden an. Wer sucht, findet aber nur einen Steinwurf entfernt mit der Siedlung Eisenheim eines der schönsten Beispiele typischer Arbeitersiedlungen im Revier. Etwas „feiner“ und grüner war immer schon Mülheim: Vom Wasserbahnhof starten die Schiffe der Weißen Flotte zu Fahrten auf der Ruhr.

WEISSE FLOTTE
STADT DUISBURG

Linke Seite:
Die Schwanentorbrücke am Rande der Duisburger Altstadt liegt am Zugang vom Rhein zum Innenhafen. Unweit der Hebebrücke legen die Ausflugsboote der Weißen Flotte zu ihren Rundfahrten ab. Die Anlegestelle wurde von Stararchitekt Sir Norman Foster vor wenigen Jahren neu gestaltet. Im Mittelalter war das Schwanentor eines der vier Haupttore von Duisburg.

Noch vor wenigen Jahren war der Duisburger Innenhafen einer der wichtigsten Hafen- und Umschlagplätze im Ruhrgebiet. Nach einer Zeit der Stille in den 1960er- und 1970er-Jahren hauchte ihm der Brite Sir Norman Foster neues Leben ein: Kunstmuseen, Wohnen am Wasser, aber auch Bürogebäude machen den Innenhafen zu einem Musterbeispiel für gelungenen Strukturwandel.

Cafés und Restaurants für Erwachsene und Attraktionen wie das Legoland Discovery Centre in der ehemaligen Werhahnmühle für Kinder machen das alte Hafenbecken des Duisburger Innenhafens, an dem heute Jachten liegen, zu einer beliebten Flaniermeile.

Der Duisburger Hafen kann beeindrucken – bei einer Hafenrundfahrt ebenso wie in Zahlen: Seine Gesamtfläche erstreckt sich über rund 1000 Hektar und 21 Hafenbecken. Die Uferlänge misst 40 Kilometer. Der Umschlag liegt alljährlich bei mehr als 50 Millionen Tonnen Gütern. Neben Schiff und Lkw spielt auch die Bahn dabei eine wesentliche Rolle.

Impressionen aus dem Duisburger Außenhafen. Angelegt wurde der zentrale Umschlagplatz schon ab 1716. Sein Aufschwung aber kam erst durch den „Hunger" der Stahlindustrie nach Erz, das in den Hüttenwerken von Duisburg bis Dortmund benötigt wurde. Die Wasserqualität an Rhein und Ruhr ist trotzdem gut – sogar ein sommerliches Bad ist möglich. Vorsicht, besonders angesichts des regen Schiffsverkehrs, gehört jedoch dazu.

Aus alt mach neu: Auf dem 200 Hektar großen Gelände eines stillgelegten Hüttenwerks entstand in Duisburg-Meiderich der Landschaftspark Duisburg-Nord. Noch bis 1985 wurde hier Stahl „gekocht", ehe die weltweite Stahlkrise auch das ursprünglich 1901 gegründete Thyssen-Werk zur Aufgabe zwang. Ein Abriss konnte zum Glück verhindert werden – und seit 1994 gilt der Landschaftspark als Musterbeispiel geglückter Traditionserhaltung. Denn wo einst tausende Stahlkocher arbeiteten, findet nun eine spannende

Neuentdeckung statt: Ein alpiner Klettergarten des Deutschen Alpenvereins bietet in der einstigen Erzbunkeranlage rund 400 Kletterrouten an (links oben). Im alten Gasometer taucht man in 20 000 Kubikmeter Wasser ein (unten). Und vom Hochofen 5 hat man einen weiten Blick auf Ruhrgebiet und Niederrhein (links Mitte).

Oben:
Neues Bauen an Rhein und Ruhr: Duisburgs CityPalais bietet Raum für Kongresse, Tagungen und andere Veranstaltungen. Das Spielcasino in diesem Komplex gilt sogar als modernstes in Deutschland. Auch shoppen kann man hier sowie in der angrenzenden Königstraße, Duisburgs großer Einkaufsstraße.

Rechts:
Duisburgs Theater liegt in der Innenstadt. Das neoklassizistische Gebäude entstand 1911/12 nach Entwürfen des Architekten Martin Dülfer und bietet Platz für fast 1200 Gäste. Bekannt ist das Haus als Spielstätte der renommierten Deutschen Oper am Rhein, die die Stahlstadt gemeinsam mit Düsseldorf bildet.

Oben:
Das Rathaus steht im Herzen Duisburgs an historischer Stätte, dem Burgplatz. Der repräsentative Bau wurde 1902 gleich gegenüber der Salvatorkirche eingeweiht.

Ganz links:
Der Mercatorbrunnen vor Duisburgs Rathaus erinnert an den 1594 in Flandern geborenen Gerhard Mercator, der vor allem mit der von ihm entwickelten Mercator-Projektion für Landkarten Weltruhm erlangte.

Links:
Die Grundsteinlegung zur gotischen Salvatorkirche in Duisburg erfolgte 1316. Das Gotteshaus gehört zu den bedeutendsten spätgotischen Kirchen am rechten Niederrhein.

Links und links unten:
Zahlreiche internationale Festivals – allen voran die Duisburger Akzente – machen Duisburg zum Anziehungspunkt für Kulturfreunde. Der Nachwuchs steht im Mittelpunkt beim Duisburger KinderKultur-Festival, das mit Musik und Theater jeden Sommer im innenstadtnahen Kantpark stattfindet.

Links Mitte:
Abkühlung in der Sommerhitze: Die Brunnen an Duisburgs zentraler Königstraße dürfen auch mal zweckentfremdet werden.

Unten:
Naherholung direkt am Rhein: Im Schatten der Friedrich-Ebert-Brücke, die die Duisburger Stadtteile Ruhrort und Homberg verbindet, lässt sich im Sommer gut ruhen. Auch Duisburgs bekannte Hafenkonzerte finden hier statt.

Gärten und Parks – die grünen Lungen im Revier

Ein Sonntagsspaziergang im Essener Grugapark. Ein Frühlingsbesuch im Westfalenpark in Dortmund. Ein Sommerbummel entlang der Sechs-Seen-Platte im Duisburger Süden. Gäste, die das Ruhrgebiet (noch) nicht kennen, sind immer noch überrascht, wie grün sich das einstige Kohlenrevier präsentiert. In allen Städten findet man naturnahe Frei- und Waldflächen. Rund 1500 Kilometer ausgeschilderte Radwege, zahlreiche Wanderwege, ein Reitwegenetz von etwa 350 Kilometern Länge sowie Spielplätze und Aussichtstürme bieten Möglichkeiten zur Erholung.

Besonders zu beeindrucken vermag die Vielfalt der grünen Oasen zwischen Niederrhein und Westfalen, zwischen Emscher und Ruhr: Da sind zum einen die zahlreichen Parkanlagen, von denen viele – wie jene von Schloss Moers oder Haus Wettringen in Gladbeck – eine lange Geschichte haben. Schon Mitte des 19. Jahrhunderts entstanden mit der Industrialisierung auch öffentliche Gärten und Parks, die den Menschen an Rhein und Ruhr Erholungs- und Kulturerlebnisse bieten sollten. Als ältester gilt der 1863/64 von Essener Bürgern angelegte Essener Stadtgarten. Der rund zehn Jahre später entstandene Bochumer Stadtpark ist der zweitälteste kommunale Park im Ruhrgebiet.

Kaiserparks und Zoos

In den 1880er-Jahren folgte die heute noch an den Namen vieler Grünareale ablesbare Anlage der patriotischen „Kaiserpark"-Gründungen. Sie ziehen sich vom Kaiser-Wilhelm-Hain in Dortmund über den Kaisergarten in Oberhausen bis zum Kaiser-Wilhelm-Park im Duisburger Norden. Um 1900 setzten sich Verschönerungsvereine oder Heimatfreunde, aber auch progressive Politiker und Beamte zunehmend dafür ein, weitere Promenaden und Parks zu schaffen sowie Stadtwälder aufzuforsten und Grüngürtel als Ausgleich für immer mehr Industrie zu schaffen.

Als erste ihrer Art gelten die noch heute beliebten Kaiserberg-Anlagen in Duisburg, die Ende der 1860er-Jahre zu einem Wald- und Erholungspark mit Teichen, Kaskaden und Pavillons wuchsen. Hinzu kamen später der aufgeforstete Stadtwald (1899), die Wedau als Wassersport- und Freizeitareal (1919) sowie der Zoo (1933). Ähnlich war die Entwicklung in zahlreichen Städten des Ruhrgebietes – etwa in Gelsenkirchen, das mit dem Buer'schen Grüngürtel in den 1920ern als „Industriegroßstadt im Grünen" galt. Diese Verbesserung war dringend nötig. Denn pro Kopf der Bevölkerung standen um 1900 zum Beispiel nur elf Quadratmeter öffentliche Park- oder Waldfläche zur Verfügung. Noch schlimmer war es in Bochum (3,8 Quadratmeter), Gelsenkirchen (2,7 Quadratmeter) oder Herne (2,2 Quadratmeter).

Botanische Gärten und Gartenbauausstellungen trugen ebenfalls zur Belebung der Industrieregion bei. Essens bekanntester Park, der ab 1927 angelegte Grugapark, wurde mit der „Großen Ruhrländischen Gartenbauausstellung" im Sommer 1929 eröffnet. Und der Westfalenpark Dortmund entstand zur ersten der drei Bundesgartenschauen 1959, 1969 und 1991. Fester Teil des Ruhrgebiets sind aber ebenso seine zahlreichen Schreber- oder Kleingärten, die in den 1970ern entstandenen insgesamt fünf Revierparks sowie die Wasserflächen: Zu ihnen zählen neben der grünen Ruhr im Süden und dem Rhein bei Duisburg vor allem der Essener Baldeneysee mit der Weißen Flotte (1933) oder der Kemnader See zwischen Bochum, Hattingen und Witten (1979). Hier wird ebenso gebadet oder Kajak gefahren wie auf Wasserstraßen wie dem Rhein-Herne-Kanal.

Erholung an der Emscher

Selbst die mehr als 100 Jahre lang zur „Kloake" des Ruhrgebietes degradierte Emscher zählt heute zu den Naherholungsgebieten. Im Rahmen der Internationalen Bauausstellung Emscher Park (IBA, 1989 bis 1999) wurde das Gebiet schon weitgehend renaturiert. Herzstück der IBA, die nach dem Rückgang der Montanindustrie neue Gewerbe- und Industrieflächen um Emscher und Rhein-Herne-Kanal erschloss, ist der Emscher Landschaftspark mit einem beliebten regionalen Rad- und Wanderweg. Dass man noch heute in Herten wie in Essen-Kettwig und an vielen anderen Stellen des Ruhrgebietes lebendige Bauernhöfe findet, ist nur ein weiterer Beweis für die grüne Vielfalt der Region.

Links:
Ein Reh nahe Essen-Rellinghausen, wo die Heisinger Ruhrauen ein 150 Hektar großes Naturschutzgebiet bilden. Es ist hauptsächlich ein Schutzraum für seltene Vogelarten.

Oben:
Impressionen aus dem Dortmunder Westfalenpark, der vom Florianturm genannten Funkturm überragt wird.

Kleine Bilder rechts, von oben nach unten: *Der Kemnader Stausee, jüngster von sechs Stauseen an der Ruhr, ist das große Freizeiteldorado zwischen Bochum, Hattingen und Witten.*

Am Ruhrtalradweg nahe der Zeche Nachtigall bei Witten liegen die Ursprünge der Kohleförderung im Ruhrgebiet.

Ein Ausflug mit den Schiffen der Weißen Flotte Baldeney, hier auf der Ruhr bei Werden, gehört zu den Höhepunkten eines Besuchs in Essen.

Freizeitskipper sind auf der Ruhr wie hier in Essen-Werden ein häufiges Bild.

Oben:
In Duisburg überspannt die Eisenbahnbrücke zwischen Hochfeld und Rheinhausen den Rhein und seine breiten Ufer. Über die massive Stein- und Stahlkonstruktion aus dem Jahr 1927 fahren auch heute noch die Züge zwischen Ruhrgebiet und Aachen.

Rechts:
Der Niederrhein im Spätsommer: Geschützte Auen wie die Rheinaue Bislich-Vahnum in Wesel dienen als Überschwemmungsgebiet bei Hochwasser und zum Erhalt der typischen Landschaft. Gleichzeitig sind sie ein beliebter Naherholungsraum.

Links:
Kopfweiden sind so etwas wie das Wahrzeichen des landwirtschaftlich geprägten Niederrheins. Die Grünflächen – hier bei Kalkar – sind auch wichtige Rastplätze für Zugvögel wie Wildgänse.

Oben:
Wo sonst als in Duisburg-Ruhrort kann das Museum der Deutschen Binnenschifffahrt zu Hause sein? Untergebracht in einem früheren Schwimmbad, zeigt die Sammlung Schifffahrts-Geschichte von der Steinzeit bis zur Gegenwart als multimediales Erlebnis.

Rechts:
Blickfang und Mittelpunkt des Museums ist die Tjalk „Goede Verwachting", ein Lastensegler aus dem Jahre 1913 unter vollen Segeln.

Ganz rechts:
Duisburgs Kultur- und Stadthistorisches Museum am Innenhafen – hier der moderne Eingang von Sir Norman Foster – zeigt eine Dauerausstellung zur Stadtgeschichte.

Oben:
Gern lässt man im Ruhrgebiet die Geschichte wieder lebendig werden. Hier rollt der Verein „Historische Eisenbahn Gelsenkirchen" mit seiner Dampflok in den Landschaftspark Duisburg-Nord ein.

Links:
Im Duisburger Hafen liegt das Museumsschiff „Oscar Huber" fest vor Anker. 1922 gebaut, ist das Räderboot ein einzigartiges Kulturdenkmal: Bis in die 1960er-Jahre zog es auf dem Rhein pro Reise bis zu sieben antriebslose Kähne mit ihren Frachten. Die Ära der Schleppdampfer endete, als moderne Schubboote mit Dieselmotoren sie ablösten. Die „Oscar Huber" entging als einziger Radschleppdampfer auf dem Rhein der Verschrottung.

Links:
Idylle mitten im Revier: Als eine der wenigen Städte im Ruhrgebiet besitzt Mülheim an der Ruhr noch überraschend viele Fachwerkhäuser aus der Zeit vor der Industrialisierung. Diese stehen an der Kettwiger Straße.

Links Mitte:
Am Westufer der Ruhr liegt Schloss Broich im gleichnamigen Mülheimer Stadtteil. Die Anlage, die zu den bedeutendsten mittelalterlichen Befestigungen im nördlichen Rheinland zählt, geht bis ins 9. Jahrhundert zurück.

Links unten:
Beliebte Adresse zum Ausgehen: Im Gasthaus Kortum Stube an der Kettwiger Straße in Mülheim kann man in historischem Ambiente gutbürgerliche Gerichte mit italienischen Einflüssen genießen.

Unten:
Einige der Fachwerkhäuser in Mülheim sind verschiefert. Zu ihnen gehört auch das Tersteegenhaus, benannt nach dem Laienprediger und Dichter Gerhard Tersteegen. Heute beherbergt es die heimat- und volkskundliche Sammlung zur Geschichte der Stadt.

Seite 46/47:
Ruhr pur: Der Mülheimer Wasserbahnhof – erbaut in den 1920er-Jahren und einem Schiffsbug nachempfunden – auf der Schleuseninsel ist die Hauptanlegestelle der Weißen Flotte und ein klassisches Ausflugsziel. Auf der Promenade kann man entlang flanieren oder zu Kaffee und Kuchen einkehren.

DESIRE
ESCARGOT
www.gruene-flotte.de

Oben:
Ein Zeppelin über dem Park von Schloss Broich. Vom nahen Flughafen in Mülheim aus starten Luftschiffe regelmäßig zu Rundflügen über das Ruhrgebiet und zeigen das Land zwischen Ruhr und Emscher aus der Vogelperspektive.

Rechts:
Kleine Fluchten gehören zum Ruhrgebiet wie Kohle und Stahl – Angelfreuden an der Ruhr bei Mülheim.

Links:
Hoch über der Ruhr erhebt sich der Rathausturm von Mülheim. Der repräsentative Bau entstand 1911 bis 1915 nach Plänen der Architekten Arthur Pfeifer und Hans Großmann.

Unten:
Die grüne Ruhr bietet reichlich Gelegenheit für Naherholungsfreuden – wie hier beim Baden unweit des Wasserkraftwerks Raffelberg. Das Kraftwerk im Stadtteil Speldorf ist das letzte Wasserkraftwerk der Ruhr, die knapp acht Kilometer von hier in den Rhein mündet.

Rechts:
Hoch hinaus scheint das Aquarius Wassermuseum zu wollen. Der 1892/93 erbaute Wasserturm an der Ruhr steht im Styrumer Schlosspark und wurde 1992 zum – mehrfach ausgezeichneten – Wassermuseum umgestaltet. Von der Aussichtsplattform in 53 Metern Höhe hat man einen weiten Blick übers Revier.

Rechte Seite:
Industriedenkmal und Wahrzeichen: Der Gasometer in Oberhausen, 1927 bis 1929 als Scheibengasbehälter für das in den Hochöfen der nahen Gutehoffnungshütte anfallende Gichtgas errichtet, ist heute Teil der Route der Industriekultur. Sehenswerte Wechselausstellungen ziehen alljährlich zehntausende Besucher an. Im Vordergrund fließt der Rhein-Herne-Kanal.

2.4.2009 - 10.1.2010
Sternstunden

Auffe Arbeit – Kunst & Kultur in Deutschlands grösstem Ballungsraum

Sie verleiht ihm Glanz und schenkt selbst internationale Aufmerksamkeit: die Weihe zur europäischen Kulturhauptstadt 2010. Keine Frage, das Ruhrgebiet erhält dadurch endlich etwas von dem Renommee, das es schon so lange verdient. Der Ausbau der Essener Zeche Zollverein zur Ikone der Kulturszene zwischen Rhein und Möhnesee lässt aber zunehmend in den Hintergrund treten, dass sich Arbeits- und Kulturwelten im Ruhrgebiet schon lange spannende Dialoge liefern – weit abseits des kulturellen Mainstreams.
Wie der endlos scheinende landschaftliche Flickenteppich an Rhein und Ruhr präsentiert sich die kulturelle Szene selbst in kleinsten Nischen, auf Industriebrachen, in verwilderten Gärten und verlassenen Kontoren. Kleinkunst im großen Durcheinander. Bevorzugt gelacht und geschwitzt wird nicht in sterilen Veranstaltungsräumen, sondern in Gemäuern mit Geschichte – der Zeche Carl im Essener Norden, dem Ringlokschuppen in Mülheim an der Ruhr, den Herner Flottmannhallen oder der Jahrhunderthalle in Bochum. Wo die Großväter und Väter gearbeitet haben, kann es so verkehrt nicht sein. Der Sinn der „Ruhris" für Authentizität ohne Schnörkel ist legendär. So unterschiedlich ihre Botschaften, so gleich ist ihre Identifikation mit der Region: Ein Herbert Knebel, Helge Schneider oder Herbert Grönemeyer ist tief im Ruhrgebiet verwurzelt.
Die Welt der schönen Dinge verspricht der heute deutschlandweit bekannte Versandhandel „Manufactum." Dessen Welt besteht aus handgefertigten Schuhen und Taschen, Möbeln oder Elektroartikeln, die sich allesamt vor Jahrzehnten ihren legendären Ruf erarbeiteten und seither vom Markt verschwunden waren. Die gute alte Zeit feiert aber nicht etwa in den glatten Kulturmetropolen an Elbe, Spree und Isar fröhliche Urständ, sondern in der Zeche Waltrop, einem Ort, an dem die Geschichte ansonsten kein Interesse fand. Das passt wie die berühmte Faust aufs Auge und zeigt, dass sich Authentizität und Ästhetik im Ruhrgebiet nicht ausschließen.

Kulturelle Antipoden der Neuzeit

Bekanntlich erscheint die Vergangenheit der Gegenwart häufig als Mühlstein, beschleunigt die Allgegenwart der Historie die Suche nach dem ultimativ Neuen. Immer wieder gibt es im Ruhrgebiet kulturelle „Ausbruchsversuche": Im industriell geprägten Umfeld der 600 000 Einwohner-Stadt Essen etwa bildet das vom finnischen Architekten Alvar Aalto entworfene gleichnamige Theater eine wahre Antipode. Gleich neben dieser Spielstätte der Superlative sorgt seit 2010 der lichtdurchflutete Neubau des Museum Folkwang für Furore. Eine kulturelle Perle verbirgt sich etwas abseits der großen Städte in Hamm: das Gustav-Lübcke-Museum. Der Ruhr-Universität in Bochum einen Schönheitspreis zuteilen zu wollen, wäre wahrlich vermessen. Ihre Leistung besteht vor allem in ihrer Existenz, war sie doch bei ihrer Eröffnung im Jahr 1965 die erste Universität im Moloch Ruhrgebiet überhaupt. Ebenso wenig an der Vergangenheit orientiert sich die Universität Witten-Herdecke: Sie war bei ihrer Gründung die erste private Hochschule Deutschlands und besticht bis heute durch ihr unkonventionelles Erscheinungsbild.
Verlässt man die Ebene der Hochkultur, zeigt sich im Oberhausener CentrO das Sinnbild der Alltagskultur im Ruhrgebiet zu Beginn des 21. Jahrhunderts. Wie eine riesige Stadt unter einem Dach lockt Europas größtes Einkaufs- und Freizeitzentrum nicht nur Konsumenten an die Emscher: Restaurants, Kinos, Theater, Shows und Musicals bilden eine gigantische Erlebnislandschaft und lassen völlig vergessen, dass hier einmal der Stahl in den Öfen der Hüttenwerke Oberhausen kochte.
Das interessanteste Beispiel für neues Wohnen zu sein, schreiben viele Ruhrgebietskenner dem Duisburger Innenhafen zu. Das moderne Ensemble zwischen der Innenstadt und dem Hafen im Stadtteil Ruhrort setzt einen deutlichen Kontrapunkt zur Ästhetik der ansonsten eher gründerzeitlich geprägten Ruhrgebietsarchitektur. Diese wird heute vor allem in sorgsam restaurierten Bergarbeitersiedlungen und der Margarethenhöhe sichtbar. Eine Krupp'sche Mustersiedlung, die staunen lässt.

Links:
Ein Highlight in Mülheim an der Ruhr ist die Camera Obscura am Schloss Broich. Neben vielen 360-Grad-Panoramafotos zeigt das Museum zur Vorgeschichte des Films feste und wechselnde Ausstellungen.

Oben:
Neue Kunst in alten Räumen: Das Museum Küppersmühle für Moderne Kunst am Duisburger Innenhafen zeigt unter anderem Werke von Joseph Beuys oder Georg Baselitz.

Kleine Bilder rechts, von oben nach unten: Blick in den Ehrenhof der Zeche Zollern in Dortmund-Bövinghausen mit Förderturm und Backsteinbauten.

Einst war die Zeche Holland in Gelsenkirchen-Ückendorf und Wattenscheid ein Steinkohlenbergwerk – heute erfährt sie mit Restaurants, Geschäften, aber auch Wohnungen und Büros eine neue Nutzung.

Zum Rheinischen Landesmuseum für Industrie- und Sozialgeschichte gehören Abteilungen in Oberhausen und dem Rheinland – insgesamt Ausstellungen an sechs Standorten.

Ausstellung in Oberhausen: In der einstigen Zinkfabrik Altenberg erfahren Besucher mehr über Koks, Stahl und Zink sowie die Herstellung von Glocken, Radeisen, Röhren und vielem mehr.

Oben:
Das 1907 eröffnete Amtsgericht Oberhausen liegt am Friedensplatz in der Innenstadt. Vier Jahre nach Verleihung der Stadtrechte wurde Oberhausen im Jahr 1879 Sitz eines königlich-preußischen Amtsgerichts. Heute gehört es zum Landgericht Duisburg.

Rechts:
Auch das Polizeipräsidium liegt am zentralen Oberhausener Friedensplatz. Der zwischen 1924 und 1927 von Stadtbaumeister Ludwig Freitag errichtete Bau gilt als ein Musterbeispiel des Backsteinexpressionismus im Ruhrgebiet.

Links:
In der Gründerzeit hatte das Ruhrgebiet seine größte Wachstumsphase. Repräsentative Wohnhäuser wie diese Gründerzeithäuser in Oberhausen-Osterfeld entstanden in allen Innenstädten.

Unten:
Eines der beliebtesten Ausflugsziele in Oberhausen ist die Burg Vondern aus dem 13. Jahrhundert im Stadtteil Osterfeld. Hier finden Konzerte und Ausstellungen statt, dazu gibt es ein Museum. Ein Höhepunkt ist der sommerliche Mittelaltermarkt mit Ritterspielen.

Unweit von Neuer Mitte und Einkaufszentrum CentrO liegt in Oberhausen-Osterfeld am Gehölzgarten Ripshorst eine der typischen Arbeitersiedlungen des Ruhrgebietes. Wie viele ihrer Art sollte sie eigentlich in den 1960ern abgerissen werden. Doch die Bewohner kämpfen für den Erhalt ihrer Häuser. Heute leben mehr als 200 Menschen in den 68 Häusern, die zum kulturellen Erbe des Reviers gehören. Sogar Teile des Films „Das Wunder von Bern" wurden hier gedreht.

Oben:
Die erste Eisenhütte des Ruhrgebiets war die St.-Antony-Hütte in Oberhausen. In Betrieb ging sie bereits 1758. Als Industriemuseum erzählt sie heute von den Anfängen der Eisen- und Stahlindustrie, von bedeutenden Innovationen und vom harten Alltag der Menschen.

Links:
Die Siedlung Eisenheim in Oberhausen ist die älteste Arbeitersiedlung des Ruhrgebiets und eine der ältesten erhaltenen Arbeitersiedlungen Deutschlands überhaupt. Ihre ersten Häuser entstanden 1846 nach englischem Vorbild, errichtet als Wohnhäuser für die Gutehoffnungshütte. Von einst mehr als 50 Häusern stehen noch 38. Seit 1991 stehen sie unter Denkmalschutz.

Links:
Blick hinunter vom 44 Meter hohen Riesenrad im Freizeitpark des Einkaufszentrums CentrO in Oberhausen. Hier ist die Straßenbahnanbindung zwischen Shoppingcenter und Innenstadt zu sehen.

Links Mitte:
Unweit des Hauptbahnhofs von Oberhausen liegt die frühere Zinkfabrik Altenberg. Heute beherbergt sie das sehenswerte Museum der „Schwer.Industrie" sowie das beliebte Kulturzentrum Altenberg.

Links unten:
Das Schloss Oberhausen repräsentiert ein Stück Stadtgeschichte. Ein Spaziergang im angrenzenden Volkspark Kaisergarten gehört zum Sonntags-

programm meist fest dazu. Im Schloss selbst zieht die Ludwig Galerie mit ihrer festen Sammlung und Wechselausstellungen Kunstfreunde an.

Unten:
Die „Neue Mitte“ Oberhausen gilt als ein Musterbeispiel des Industriewandels. Einst gehörte das mehr als 140 Hektar große Areal zur Gutehoffnungshütte der Thyssen AG. Nach ihrer Schließung eröffnete 1996 das Einkaufszentrum CentrO. Auf 70 000 Quadratmetern können Kunden aus nah und fern in mehr als 200 Geschäften einkaufen.

Linke Seite:
Die Zeche Osterfeld im gleichnamigen Oberhausener Stadtteil war von 1873 bis in die 1990er-Jahre aktiv. Das einstige Steinkohle-Bergwerk wurde weitgehend begrünt. Auf dem Gelände der Zeche „Osterfeld" 1/3 fand die Oberhausener Landesgartenschau (OLGA) statt.

Das Rathaus von Oberhausen, eingeweiht 1930, ist Sitz von Rat und Verwaltung. Der Bau gilt mit seinem zwischen Backsteinexpressionismus und „Neuem Bauen" wechselnden Stil als wichtiges Stück Architekturgeschichte. Spannung schaffen verschieden große Baukuben.

Einst gelegen an der 1846 eingerichteten Strecke der Köln-Mindener Eisenbahn-Gesellschaft, ist der Hauptbahnhof Oberhausen heute Haltepunkt von ICs und ICEs. Das heutige Bahnhofsgebäude im Stil der Klassischen Moderne entstand 1930 bis 1934 mit einer kubistischen Formensprache.

Links:
Das Mühlenmuseum im Dinslakener Stadtteil Hiesfeld hat seine Ursprünge in den 1970er-Jahren. Mittelpunkt des einmaligen Ensembles am Rotbach ist die historische Wassermühle. Der Fachwerkbau wurde 1693 errichtet.

Unten:
Rund um den Altmarkt von Dinslaken schlägt das Herz der kleinen Stadt am Nordrand des Ruhrgebiets. Hier findet die beliebte Nostalgiekirmes und der Weihnachtsmarkt statt.

Essen, Gelsenkirchen, Bottrop – im Herzen des Reviers

Sommer an der Ruhr: Der Kettwiger See südlich von Essen-Kettwig wurde zwischen 1940 und 1950 angestaut. Er gehört zu den kleineren der sechs Ruhrstauseen. Ein Mittelpunkt der Freizeitaktivitäten ist die ehemalige Scheidt'sche Tuchfabrik – in die alten Hallen sind Künstler und Kunsthandwerker, Agenturen und andere Kreative eingezogen.

Historisch gesehen verdanken sie ihre Entwicklung und Größe den alten Handelswegen, die von Westen nach Osten verlaufen. Heute ist es eher ihre zentrale Lage zwischen dem Rhein und den großen Zentren Westfalens, die ihnen – wenn auch manchmal mit Mühen – einen eigenen Charakter verleihen. Die Trennlinie zwischen Nordrhein und Westfalen hält sich im Übrigen nicht an die Geografie: Selbst die im Norden des Ruhrgebiets liegenden Städte Bottrop und Gelsenkirchen sind politisch gesehen ein Teil Westfalens.
Zentrum des Zentrums ist unzweifelhaft Essen, eine rund 600 000 zählende Metropole mit extrem unterschiedlichem Gesicht. Zwischen den im Norden gelegenen Arbeitervierteln von Katernberg und Stoppenberg und dem großbürgerlichen Süden am Baldeneysee scheinen Welten zu liegen. Eine Fahrt mit der Straßenbahnlinie 107 vom Startpunkt Bredeney zum Hauptbahnhof in Gelsenkirchen belegt auf 17 Kilometer Länge eindrucksvoll die sozialgeschichtlichen Komponenten des Ruhrgebiets. Fast paradox: Mag auch das Kruppsche Anwesen rings um die Villa Hügel mit Noblesse betören, hat die Zeche Zollverein dem proletarischen Leben ein Weltkulturerbe-Denkmal gesetzt.
Derlei Kontrapunkte finden sich im nordöstlich angrenzenden Gelsenkirchen kaum. Einst mit 24 Bergwerken und 60 Schächten die größte Zechenstadt Mitteleuropas, kämpft Gelsenkirchen bis heute einen wenig beachteten, aber recht erfolgreichen Kampf um gelungenen Strukturwandel. Schloss Horst und das Wasserschloss Berge setzen zwei historische Tupfer in das eher nüchterne Grau der Jetztzeit. Für die Emotionen ist ohnehin Schalke 04 zuständig, der wohl berühmteste Botschafter Gelsenkirchens.
Wo bitte liegt Bottrowski? In Bottrop, das zu Beginn des 20. Jahrhunderts rund 14 000 Polen eine Heimat gab, die damit mehr als die Hälfte der Bevölkerung stellten. Eine architektonische Perle aus dieser Zeit ist der Malakoffturm der Zeche Prosper II. Heute lebt Bottrop eher vom Vergnügen. Zum Beispiel in der mit 640 Metern längsten Skihalle der Welt oder dem Movie Park Germany, einem gigantischen Vergnügungszentrum rund um das Thema Film.

Rechts:
Vom Arbeitsplatz zum Kulturdenkmal: Die Zeche Zollverein an der Gelsenkirchener Straße im Essener Stadtteil Stoppenberg steht exemplarisch für die Kohle fördernde und verarbeitende Industrie des 19. und 20. Jahrhunderts.

Rechts:
1986 geschlossen, drohte Zollverein zunächst der Abriss. Heute gilt sie als die weltweit einzige Anlage, an der sich die Komplexität dieses Industriezweiges noch erkennen lässt.

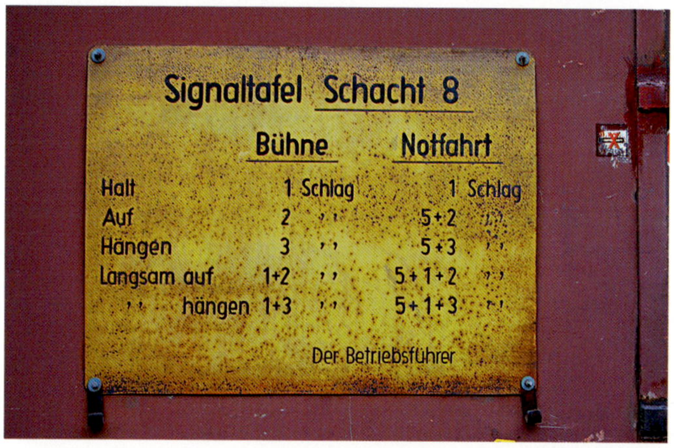

Ganz rechts:
Wo einst „malocht“ wurde, hat neue Nutzung Einzug gehalten: In der Zeche Zollverein finden Veranstaltungen statt, sind Institutionen wie das Ruhr Museum oder das Design Zentrum NRW zuhause. Auch Schlittschuhlaufen kann man hier im Winter.

Rechts:
Restaurants oder das Café Kohlenwäsche in der ehemaligen Kokerei der Zeche Zollverein laden ein, Hunger und Durst zu stillen.

Oben:
Mittelpunkt der Zeche Zollverein: 55 Meter ragt das Doppelbock genannte Fördergerüst der „schönsten Zeche der Welt“ in den Himmel. Die symmetrisch im Stil der Neuen Sachlichkeit erbaute Anlage gehört zum UNESCO-Weltkulturerbe.

Links:
Blick in die Werkstatt für Metallgestaltung in Essen-Kupferdreh. Zuhause ist die Manufaktur im sogenannten Kupferhammer – einem Hammerwerk zur Verarbeitung von Kupfer im Deilbachtal. Es entstand in der zweiten Hälfte des 19. Jahrhunderts.

Unten:
Halden gehören zum Ruhrgebiet wie Hochöfen und Schornsteine. Aufgeschüttet mit dem Abraum, der unter Tage bei der Kohleförderung anfiel, dienen viele der markanten Erhebungen heute als Aussichtspunkte – wie die Schurenbachhalde in Essen, die früher zur Zeche Zollverein gehörte.

Rechts oben:
Ein sicherer Tritt und etwas Schwindelfreiheit sind nötig, wenn man die einmalige Aussicht vom Tetraeder in Bottrop genießen will: Fast 60 Meter hoch ist das 1995 erbaute stählerne Wahrzeichen unweit der A2, das auf

einer circa 90 Meter hohen früheren Halde der Schachtanlage Prosper Haniel steht. An die 400 Stufen führen hinauf – belohnt wird man von einem Rundblick übers Revier, bis hinüber nach Essen, Oberhausen und Dortmund.

Rechts Mitte: *„Bramme für das Ruhrgebiet“ – die 15 Meter hohe Stahlskulptur des amerikanischen Künstlers Richard Serra bildet seit 1998 den „Gipfel“ der Schurenbachhalde in Essen.*

Rechts unten: *Der Wissenschaftspark Rheinelbe in Gelsenkirchen steht für ein Stück gelungenen Strukturwandel. Auf dem Gelände des früheren Gussstahlwerks wird seit Mitte der 1990er-Jahre an erneuerbaren Energien wie Solarstrom geforscht.*

Oben:
Die Villa Hügel in Essen-Bredeney, 1873 von Alfred Krupp hoch über der Ruhr erbaut, ist heute mit ihrem weiten Park eines der beliebtesten Ausflugsziele der Essener. In der 8000 Quadratmeter großen Villa finden regelmäßig Ausstellungen, Konzerte und andere Veranstaltungen statt.

Rechts:
Im Herzen von Essen lädt die Marktkirche zum Innehalten ein. Das spätgotische Gotteshaus, das im Zweiten Weltkrieg schwer beschädigt wurde, steht auf dem ursprünglichen Marktplatz der Ruhrmetropole – hier lag einst das wirtschaftliche, politische und religiöse Zentrum der Stadt.

Oben:
Überragend im wahrsten Sinn des Wortes ist das Rathaus von Essen. Mit seinen 106 Metern Höhe ist der 1979 eingeweihte Verwaltungsbau eines der größten Rathäuser Deutschlands. Von der 22. Etage in 100 Metern Höhe haben Besucher bei gutem Wetter einen weiten Blick über Essen und das Ruhrgebiet. Im Vordergrund liegt das Essener Münster.

Links:
Eine der bekanntesten Kulturstätten in Essen und dem Ruhrgebiet: Das Aalto-Theater wurde 1959 vom finnischen Stararchitekten Alvar Aalto entworfen – gebaut wurde es erst ab 1983, eingeweiht 1988.

Klare Formen im Übergang von der Romanik zur Gotik dominieren den schönen Innenraum der ehemaligen Abteikirche St. Ludgerus in Essen-Werden.

Neben dem barocken Hochaltar gehören Gemälde des Werdener Malers Theodor Mintrop und die Schatzkammer mit dem sogenannten Helmstedter Kreuz sowie die karolingische Ringkrypta mit den Gebeinen des Heiligen Liudger zu den Hauptattraktionen von St. Ludgerus.

Rechte Seite:
Über Essen-Werden thront die Basilika St. Ludgerus. Ursprünglich 799 als Abteikirche errichtet, wurde sie nach mehreren Bränden im Jahr 1275 neu geweiht. Die nach dem Missionar Liudger benannte Kirche gilt als eines der schönsten Gotteshäuser des Rheinlandes und als Musterbeispiel des rheinischen Übergangsstils.

Oben:
In der Altstadt des Essener Stadtteils Kettwig scheint die Zeit stehen geblieben zu sein. Das schwarzweiße Fachwerk ist typisch für die Städte des westlichen Ruhrtals.

Rechts:
Der Name ist Programm: Wie hier in Essen-Kupferdreh finden sich überall in den Tälern des Ruhrgebiets metallverarbeitende Produktionsstätten, die teilweise sogar noch genutzt werden.

Links:
Bis heute eine begehrte Adresse: Die Gartenstadt Margarethenhöhe im Essener Süden. Von Margarethe Krupp gestiftet, wurde sie zwischen 1909 und 1920 errichtet.

Unten:
Die Altstadt von Essen-Werden ist heute eine der besten Adressen der Ruhrmetropole. Der ländlich-kleinstädtische Charakter steht in scharfem Kontrast zur nüchternen City Essens.

Links:
Der Baldeneysee ist eines der bevorzugten Freizeitreviere von Hobbyskippern und anderen Wassersportlern.

Links Mitte:
Knapp acht Kilometer lang ist der Baldeneysee im Essener Süden. Der Stausee der Ruhr wurde zwischen 1929 und 1932 als Arbeitsbeschaffungsmaßnahme geschaffen.

Links unten:
Fast wie in einem Urstromtal präsentiert sich die Ruhr bei Essen-Werden von ihrer romantischen Seite.

Unten:
Auch wenn in diesem Fall ein wenig nachgeholfen wurde, lädt die Uferlandschaft des Baldeneysees an vielen Stellen zum Verweilen ein.

Oben:
Gelsenkirchener Renaissance: Schloss Horst ist eine der wenigen historischen Perlen der traditionsreichen Arbeiterstadt – und begeistert seine Besucher auch durch den glasüberdachten Innenhof.

Rechts:
Haus Hegehof liegt im ansonsten deutlich industriell geprägten Essener Stadtteil Altenessen im Norden der Stadt.

Oben:
Das Wasserschloss Beck gehört zu den schönsten Baudenkmälern des Spätbarock im westlichen Westfalen. Heute liegt das repräsentative Gebäude mitten im Bottroper Freizeitpark.

Links:
Schloss Wittringen in Gladbeck repräsentiert die niederrheinische Renaissance eindrucksvoll. Im angrenzenden Fachwerkbau ist das Museum der Stadt untergebracht.

Fast schlossartig präsentiert sich die Maschinenhalle Zweckel in Gladbeck. Die einstige Zeche, seit 1997 Industriedenkmal, ist heute Veranstaltungsort.

Rausgeputzt und schick statt rußig und verdreckt. So wirkt die Schachtanlage Oberschuir der ehemaligen Zeche Consolidation in Gelsenkirchen-Feldmark.

Rechte Seite:
Ein echter Malakoffturm ziert die Anlage der Zeche Prosper II in Bottrop. Ihren Namen verdanken Fördertürme dieser Art russischen Verteidigungsanlagen vor Sewastopol.

PROSPER II

Zeitzeugen – entlang der „Route der Industriekultur“

Hochöfen, Gasometer und Fördertürme sind das Gesicht des Ruhrgebietes. Doch Kohle und Stahl, die einst Hunderttausenden sichere Arbeit gaben, haben in den zurückliegenden Jahrzehnten einen langen Weg des Rückzugs angetreten. Die Zahlen sind beeindruckend: Gab es 1957 zwischen Duisburg und Dortmund noch 141 Zechen an der Ruhr, schmolz ihre Zahl bis 2009 auf nur noch vier zusammen. Parallel dazu nahm auch die Zahl der Hochöfen permanent ab – von rund 30 in den 1930er-Jahren auf derzeit drei.

Doch die einstigen Produktionsstätten sind nicht nur weiterhin Wahrzeichen der Region und wichtiges Symbol für die Menschen, sie sind auch Zeugen von mehr als 150 Jahren Industriegeschichte – und eines Strukturwandels, der längst noch nicht abgeschlossen ist. Vor allem die Stahlkrise der 1980er bedeutete das Ende vieler Hochöfen wie der August-Thyssen-Hütte von Oberhausen (1979) über Hattingen bis Duisburg-Meiderich (beide 1986). Symbol für den Niedergang von Krupp war der Kampf um das Stahlwerk in Duisburg-Rheinhausen, das 1993 schließen musste.

Bauausstellung und Kultur

Dass nicht alle leerstehenden Industrieanlagen zwischen Emscher im Norden und Ruhr im Süden abgerissen wurden, ist im Wesentlichen der Verdienst der Internationalen Bauausstellung Emscher Park (IBA) und ihres Initiators Karl Ganser. Der Stadtplaner hatte schon 1989 die Vision, Stahl- und Kraftwerke, Kokereien, Zechen und Chemieanlagen der Emscherregion als Parklandschaft für die Bewohner zurückzugewinnen. Auf früheren Trassen der Zechenbahnen schuf die IBA Verbindungen zwischen den Städten im Revier. Gleichzeitig konnten mit einem Etat von umgerechnet etwa 2,5 Millionen Euro wichtige Zeugen der Industriekultur gerettet werden: Dazu gehören beispielsweise die 1902 erbaute Jahrhunderthalle in Bochum, einst Gebläsehalle und heute Festspielhaus der Ruhrtriennale für Theater und Musik. Der Landschaftspark Duisburg-Nord auf dem Gelände der 1985 geschlossenen Eisenhütte in Meiderich. Oder der 1929 in Oberhausen errichtete Gasometer – jetzt eine faszinierende Ausstellungshalle.

Sie alle liegen heute an der „Route der Industriekultur“ (www.route-industriekultur.de) – eine 400 Kilometer lange Rundreise durch das Ruhrgebiet zu alten Stahlstandorten, aber auch zu bekannten Wohnsiedlungen wie der Essener Margarethenhöhe oder Eisenheim in Oberhausen. Zu ihr gehören zentrale Punkte wie die 1898 eröffnete Zeche Zollern in Dortmund mit ihrer sehenswerten Architektur im Übergang vom Historismus zum Jugendstil. Nur wenige Kilometer entfernt liegt das Alte Schiffshebewerk Henrichenburg, am 11. August 1899 von Kaiser Wilhelm II. eingeweiht. Weitere Höhepunkte der Route sind das Deutsche Bergbau-Museum in Bochum, die als Keimzelle des Ruhrgebietes geltende Zeche Nachtigall im Muttental bei Witten, die Henrichshütte in Hattingen, die Villa Hügel in Essen, das Aquarius Wassermuseum in Mülheim an der Ruhr und viele andere.

Wahrzeichen Zollverein

Ankerpunkt der „Route der Industriekultur“ aber ist ohne Frage die Zeche Zollverein XII in Essen – einst Arbeitsplatz für 1100 Menschen, seit 2001 Weltkulturerbe der UNESCO. Wo früher täglich 12 000 Tonnen Kohle gefördert und zu Koks veredelt wurden, finden heute viel besuchte Veranstaltungen statt, sind Attraktionen wie das Design Zentrum NRW und das 2010 eröffnete Ruhr Museum zur Geschichte der Region zuhause – es geht zurück auf das 1904 gegründete Ruhrlandmuseum der Stadt Essen, eines der ältesten und traditionsreichsten Museen des Ruhrgebietes. Besucher folgen beim Ausstellungsrundgang durch die frühere Kohlenwäsche dem Weg der Kohle. Auf allen Ebenen versucht die Ausstellung, die Natur- und Kulturgeschichte des Ruhrgebietes in einem integrierten Konzept miteinander zu verbinden. Der Parcours beginnt in der Gegenwart und dem „Mythos“ Ruhr, erzählt dann von den Traditionen der Industrialisierung. Nach einem Ausflug in die Zeit der Entstehung der Kohle im Erdzeitalter des Karbons folgt ein abschließender Blick in die Zukunft.

Links: *Einst eines der größten Ausbesserungswerke der Deutschen Reichsbahn, ist der Ringlokschuppen heute das vielleicht attraktivste Veranstaltungszentrum von Mülheim an der Ruhr.*

Oben: *Laubengänge und üppiges Grün zieren viele Häuser der Essener Margarethenhöhe.*

Kleine Bilder rechts, von oben nach unten:
Im Herzen des Gelsenkirchener Nordsternparks, in dem 1997 die Bundesgartenschau zu Gast war.

Das artenreiche Gelände des Maximilianparks im westfälischen Hamm erstreckt sich auf dem Gebiet der ehemaligen Zeche Maximilian. Hier fand 1984 die Landesgartenschau statt.

Das ehemalige Kesselhaus der Essener Zeche Zollverein beherbergt heute das „red dot design museum“, das die weltgrößte Ausstellung zeitgenössischen Designs präsentiert.

Ein kleines Schmuckstück ist das Torhaus der ehemaligen Zeche Osterfeld in Oberhausen.

Oben:
Wie ein Raumschiff liegt das Bottroper Alpincenter neben dem Industriegürtel der Zentralkokerei Prosper.

Rechts:
Die Abraumhalden – hier die Mottbruchhalde in Gladbeck – sind die höchsten Erhebungen des nördlichen Ruhrgebiets und dokumentieren in ihrer Umnutzung eindrucksvoll den dramatischen Wandel der Industrielandschaft des Ruhrgebiets.

__Seite 86/87:__
Blick von der Halde Rungenberg auf die Siedlung Schlüngelberg. Diese war ab 1897 Heimat für die Bergleute der Zeche Hugo. Besonders eindrucksvoll ist auch die Aussicht auf das grüne Ensemble der Zeche Rungenberg.

__Links:__
35 Betonquader aus Abrissresten ehemaliger Zechen bilden die Himmelstreppe auf der Halde Rheinelbe in Gelsenkirchen. Sie ist ein Werk des Künstlers Hermann Pigran.

__Unten:__
Die Stahlinstallationen auf der Halde Rungenberg im Gelsenkirchener Stadtteil Buer sind weithin zu sehen und ein Teil der Themenroute „Landmarken-Kunst".

Rechts:
Alles unter einem Dach: Der private Charakter der Häuser wie hier in Schüngelberg/Gelsenkirchen ist ein Kennzeichen aller Zechensiedlungen.

Unten:
Die Nähe des ländlichen Münsterlandes ist selbst in Gelsenkirchen-Buer spürbar.

Oben:
In der Schüngelbergsiedlung ist kein Grundstück einer Zufallsplanung entsprungen. Das akkurate Erscheinungsbild wirkt eher dörflich als großstädtisch.

Links:
Ein Gärtsken muss sein; sei es für das Pils am Feierabend oder den sommerwarmen Grillabend – hier bei einem Mehrfamilienhaus in Gelsenkirchen.

Nicht nur Bochum und Dortmund – im Osten viel Neues

Eine großartige Kulisse eröffnet sich dem Besucher vom Tippelsberg im Bochumer Stadtteil Riemke. Über die Stadtmitte bis zur hügeligen Ruhrlandschaft im Süden Bochums geht der Blick. Im Mittelpunkt: Der monumentale Förderturm des Deutschen Bergbau-Museums Bochum.

Beständigkeit, Schollenverbundenheit, manchmal auch ein wenig Sturheit sind Merkmale, die den Menschen in Westfalen gerne zugeschrieben werden. Eine Reise in die Städte des östlichen Ruhrgebiets kann dies nur bedingt belegen; unzählige Brüche in der Architektur und Siedlungsstruktur belegen permanenten – wenn auch sicher nicht immer gewollten – Wandel.
Vielleicht die unterschätzteste der ohnehin nicht gerade vor kraftmeierischem Image strotzenden Ruhrgebietsstädte ist Bochum, eingebettet in die hügelige Landschaft zwischen den dominierenden Metropolen Essen und Dortmund. Spätestens Herbert Grönemeyers Stadthymne Anfang der Achtzigerjahre hat der Stadt einen ordentlichen Schub Selbstbewusstsein verpasst. Den heute wankenden oder gefallenen Ikonen Opel und Nokia, einem deutschlandweit renommierten Schauspielhaus und dem ungebremsten Starlight Express verdankt Bochum seine Vitalität, der ersten Universität des Ruhrgebiets im 20. Jahrhundert ihre Jugend.
Eine Entwicklung, der das benachbarte Dortmund gerne folgen würde: Die Stadt am Hellweg, die früher einmal Europas führender Brauereistandort war und den Niedergang traditionsreicher Industriestätten wie des Phoenix-Stahlwerks verkraften musste, kämpft mit hohem Einsatz für einen gelungenen Strukturwandel im 21. Jahrhundert. Trotziges Wahrzeichen des Umbruchs ist das Hauptgebäude der Union-Brauerei, das Dortmund auf der internationalen Kunst- und Kulturkarte platzieren soll.
Einen wunderbaren Ein- und Ausblick in die oft noch ländlich geprägte Struktur im Süden Dortmunds bietet die Hohensyburg: Von der Ruine der ehemaligen Ritterburg geht der Blick über den Hengsteysee in Richtung Hagen und zu den Höhen des Sauerlandes. Einen umfassenden Einblick in die Geschichte der Region bietet das Westfälische Freilichtmuseum Hagen mit über 70 historischen Werkstätten und Fabrikbetrieben. Überraschungen der Vergangenheit und Gegenwart finden sich aber auch in den anderen Städten der Region. Zum Beispiel das Ikonenmuseum in Recklinghausen, Zeugen der Anfänge des Bergbaus im Wittener Muttental, das Schloss Cappenberg in Selm, das Schiffshebewerk Henrichenburg in Waltrop oder der riesige gläserne Kubus auf dem ehemaligen Gelände der Zeche Mont Cenis in Herne.

Die Uhr für die Kumpel ist schon lange abgelaufen, für das Deutsche Bergbau-Museum in Bochum wandert sie seit 1930.

Nirgendwo auf der Welt bietet sich Besuchern ein dermaßen eindrucksvolles Bild von der Arbeit unter Tage wie im Bergbau-Museum, das im Jahr durchschnittlich 400 000 Gäste zählt.

Oben:
Wahrzeichen Bochums und ein Beispiel für industrielle Ästhetik: der Förderturm des Bergbau-Museums.

Links:
Früher rußig und laut, heute gestrichen und museal ruhend: Förderanlagen, die dem Kohleflöz zu Leibe rückten.

Seite 94/95:
Industriegeschichte und Kunst präsentieren sich harmonisch auf dem Gelände der Zeche Zollern II/IV in Dortmund. Auch sie liegt an der Route der Industriekultur.

Unten:
Ursprünglich eine Ausstellungshalle für die „Düsseldorfer Industrie- und Gewerbeausstellung“ wurde die Jahrhunderthalle 1903 auf das Werksgelände des Bochumer Vereins umgesetzt.

Ganz unten:
Gasgebläse und -dynamomaschinen lieferten die Energie für den Hochofen der Jahrhunderthalle. Die Stille der verlassenen Industriegiganten gibt dem Gelände eine besondere Würde.

Rechts:
Das ehemalige Werksgelände rings um die Bochumer Jahrhunderthalle gibt der Stadt heute einen zusätzlichen Freizeitwert. Und betont zugleich den besonderen Charakter der Industriekathedrale, die als Veranstaltungszentrum längst etabliert ist.

Unten:
Das zwischen 1926 und 1931 erbaute Rathaus von Bochum gilt als eines der bedeutendsten Repräsentativbauten des Ruhrgebiets. Die vom Bochumer Verein für Bergbau und Gussstahlfabrikation gefertigte Glocke stand 1867 auf der Weltausstellung in Paris.

Rechts oben:
Nicht nur Dortmund und Essen haben lange Traditionen als Bierstädte. Auch in Bochum wird ein gutes Pils gebraut.

Rechts Mitte:
Auf gerade mal zwei Quadratkilometern Fläche droht Besuchern der fröhliche „Untergang“ im Bochumer Bermuda3Eck. Die Gastronomie zwischen Hauptbahnhof und Schauspielhaus bietet mehr als 8000 Plätze.

Rechts unten:
What a wurst: Nicht erst seit Herbert Grönemeyers „Currywurst“ erfreuen sich im Ruhrgebiet Wurstbuden aller Art großer Beliebtheit.

Wo Stielmus schon mal einen Stern bekommt – Kulinaria

Um es gleich vorweg zu nehmen: Im größten Ballungsraum Deutschlands mit einer Bevölkerungsstruktur, in der rund die Hälfte der Nationen der Welt vertreten ist, kommt so ziemlich alles auf den Tisch, was diese Menschen aus ihrem Kulturkreis mitgebracht haben. Zudem verkleistern Standard-Fastfoodketten auch die Fußgängerzonen zwischen Moers und Hamm. Und doch gibt es sie noch häufiger, als man denkt, die Ruhrgebietsküche, deren Wurzeln weit ins 19. Jahrhundert zurückreichen. Wer deftige Hausmannskost ohne Schnickschnack mag, wird hier Prächtiges erleben: Zum Beispiel den Pannas mit Kartoffelbrei, eine Art Grützwurst, bestehend aus Blut- und Leberwurst, Hackfleisch, Zwiebeln und Speck. Den Rheinischen Sauerbraten mit Rosinen in deftiger Sauce, Hühnerfrikassee oder Himmel und Erde, das klassische Kartoffel- und Apfel-Stampfgericht. Wer's neudeutsch fein und leicht mag, wird sich vielleicht mit Grausen abwenden. Aber in den Zeiten, in denen diese Gerichte ihren Siegeszug antraten, galt es nicht, Schönheitsidealen zu frönen, sondern preiswert genug Kalorien für die schwere Arbeit unter Tage oder am Hochofen zu bekommen.

Heute werden diese Gerichte kreativ zubereitet gerne in „Haus X" oder „Stammhaus Y" serviert – auf der Suche nach Tradition und Anspruch hat sich so manche Eckkneipe selbst geadelt, und was auf den Tisch kommt, wird dem in der Regel aber auch gerecht. Wer es feiner mag, findet natürlich auch die Sterne-Küche an Rhein und Ruhr. Vielleicht muss man für die Haute Cuisine schon mal über die Stadtgrenze fahren, aber schon lange nicht mehr nach Düsseldorf.

Einmal Pommes rot-weiß

Wenn es um das schnelle Essen zwischendurch geht, ist das Ruhrgebiet unschlagbar. Was ist schon eine x-beliebige Fastfood-Kette gegen die Borbecker Brutzelhütte oder Erikas Braterei? Hier dreht sich alles um die weltberühmten Kartoffelstäbchen, Schaschlik und natürlich die Currywurst. Einem Glaubenskrieg gleich beharken sich die Einwohner des Potts mit den Berlinern um das Copyright und die Qualität. Ein Denkmal gesetzt hat ihr mit Herbert Grönemeyer zumindest ein echter Ruhri. Auch Deutschlands beliebtester einbeiniger Vogel, das halbe Hähnchen, hat in den Imbissbuden des Ruhrgebiets trotz Döner & Co. noch immer Hochkonjunktur. Dass nur wenige Kilometer das Ruhrgebiet vom Nachbarn Niederlande trennen, zeigt auch ein Blick auf das weitere Speisenangebot: Vor allem in den westlichen Regionen rings um Duisburg und Essen finden so merkwürdige Dinge wie Bitterballen (Fleischkroketten) und Frikandel (Bratrolle) ihre Abnehmer.

Die Sache mit der Bude

„Wenn ich groß bin, werde ich Bude." Dieser Satz aus berufenem Kindermund sagt alles über die ungebrochene Attraktivität der Tausende kleiner Verkaufsläden, in denen ein buntes Sortiment an Lebensmitteln, Süßigkeiten und Waren des täglichen Bedarfs durch eine Fensterklappe verkauft wird. Ursprünglich als Trinkhalle Anlaufpunkt der Bergleute, die hier ihr lebensnotwendiges Wasser bekamen, ist die Bude heute fester Bestandteil jedes Stadtviertels, ja fast jeder größeren Straße; manchmal liegen gleich drei oder vier der Minishops in Sichtweite entfernt nebeneinander. Diese bieten selbst spätabends noch das, was man beim Einkauf am Tage vergessen oder nicht geschafft hat. Gott sei Dank ist da ja noch die Bude um die Ecke.

Dat lecker Pilsken

Die Zeiten, in denen Bier das proletarische Getränk schlechthin war und damit unabdingbares Lebensmittel im Arbeitermilieu des Ruhrgebiets, sind längst vorbei. Allein ein Blick in die schicke Fernsehwerbung der Brau-Branche verrät den Anspruch und Willen, höhere Sphären zu erreichen. Doch „dat lecker Pilsken" trinkt sich in der Eckkneipe unter Nachbarn, Kollegen und Freunden nun mal am besten. Im Ruhrgebiet laden darüber hinaus in fast jeder Stadt Brauhäuser zu einem gemütlichen Abend ein. Gerstensaft aus Brauereien wie König in Duisburg, Jacob Stauder in Essen, Moritz Fiege in Bochum oder die Dortmunder Actien-Brauerei genießt bei Bierkennern in ganz Deutschland hohes Ansehen.

Links:
Das westfälische Möppkenbrot ist eine Blutwurstvariante, die traditionell mit Zwiebeln und Apfelringen serviert wird.

Oben:
Eine Institution in jeder Ruhrgebietsstadt: die Trinkhallen – hier in Dortmund.

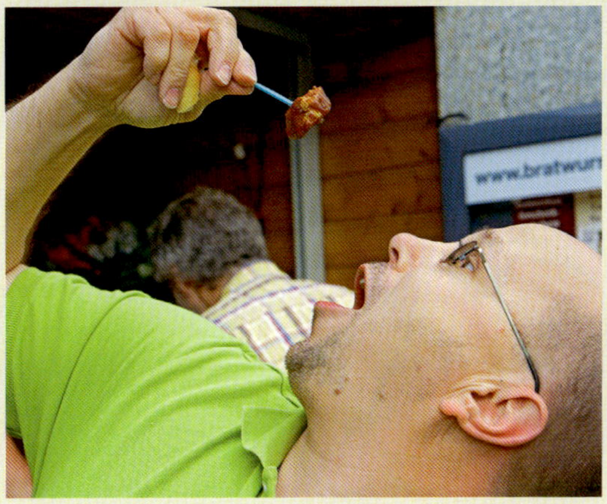

Kleine Bilder rechts, von oben nach unten: *Die Zahl der Gartenkneipen entlang der Ruhr ist legendär. Hier verweist ein Schild auf das Ende der Durststrecke bei Hattingen.*

Das Objekt der Begierde ist im Ruhrgebiet nicht selten die kleine Rote, die schon Herbert Grönemeyer besang.

Ob mit Brötchen oder Pommes – die berühmte Currywurst schmeckt fast immer. Watt willze mehr?

Bier ist im Ruhrgebiet seit jeher eigentlich ein Grundnahrungsmittel: Schlegel-Bier in Oberhausen.

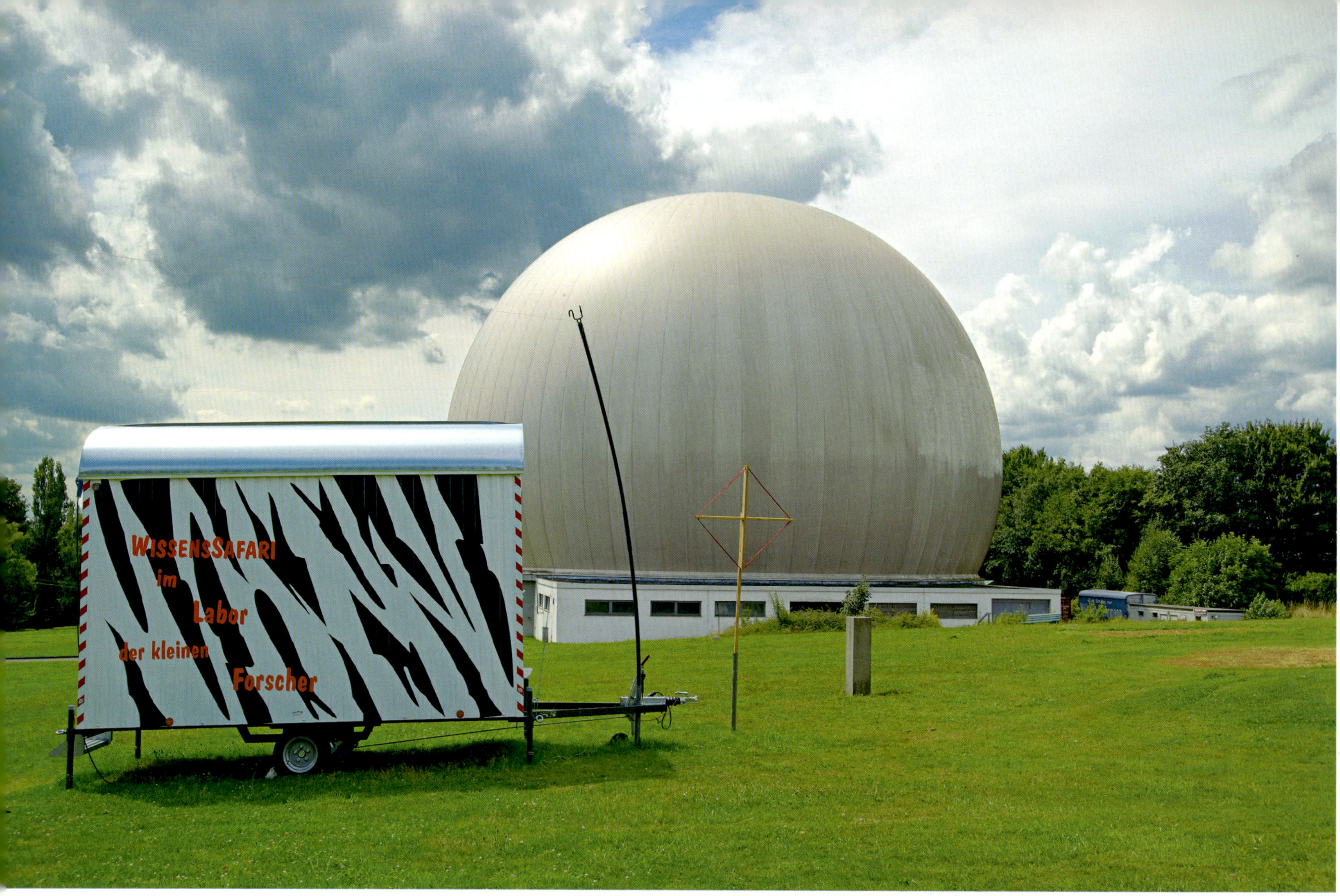

Oben:
Kap Kaminski – so nennen die Bochumer die Sternwarte der Stadt liebevoll nach ihrem Gründer. Professor Heinz Kaminski hatte das Institut schon 1946 als eine Volkssternwarte gegründet. Heute steht das Gebäude unter Denkmalschutz.

Rechts:
Die technische Ausstattung der Sternwarte aus den 1940er- und 1950er-Jahren erscheint heute fast anrührend. Dies umso mehr, als die Bochumer Sternwarte aus privater Initiative gegründet wurde und später Weltruhm erlangte.

Oben:
Baulicher Charme ist etwas anderes. Die Universität Bochum beeindruckt eher durch ihre Größe und Weitläufigkeit. Sie war bei ihrer Gründung die erste Universität im Ruhrgebiet überhaupt.

Links:
Das Wismarer „Schweineschnäuzchen“ ist nur einer von zahlreichen Schätzen im Eisenbahnmuseum Bochum-Dahlhausen, eines der größten seiner Art in Deutschland. Museumsfahrten sind bei Eisenbahnfans fest im Kalender notiert.

Seite 104/105:
Blick von Burg Blankenstein auf den Bochumer Stadtteil Stiepel. Die Nähe zu den großen Industrierevieren ist im Ruhrtal nicht erkennbar.

Oben:
Die Ruhr als Frischwasserspender hat für die Landschaft, die ihr den Namen verdankt, einen enorm hohen Freizeitwert. Stauseen wie der Kemnader See sind beliebte Refugien.

Rechts:
Es muss nicht immer Sylt sein: Wer sich auf dem Wasser tummeln möchte, findet auf dem Kemnader See eine Vielzahl an Möglichkeiten.

Links:
Kanus und Kajaks gehören an Wochenenden und Abenden zum festen Bild der Ruhr. Als Wasserstraße für große Rheinschiffe ist sie nur bis zum Wasserbahnhof in Mülheim an der Ruhr schiffbar.

Oben:
Mitten in den Ruhrauen liegt Haus Kemnade. Das Wasserschloss, das auf Hattinger Gebiet liegt, befindet sich heute im Besitz der Stadt Bochum und beherbergt mehrere Museen.

Rechts:
Annähernd 800 Jahre alte Malereien aus ihrer Frühzeit machen die Dorfkirche im Bochumer Stadtteil Stiepel zu einem der außergewöhnlichsten Gotteshäuser in Westfalen.

Oben:
Vierfamilienhäuser mit einem festen Grundriss prägten das Ensemble der Bochumer Arbeitersiedlung Stahlhausen. Heute sind nur noch wenige Häuser dieses Typs vorhanden, die oft zu Zweifamilienhäusern umgebaut wurden.

Links:
Statt drangvoller Enge bietet die Siedlung Stahlhausen ihren Bewohnern Platz und Luft. Zu Zeiten der Schwerindustrie wog dieses Privileg doppelt.

Oben:
Ein halbes Haus in der Lünener Rudolfstraße bietet heute einen Einblick in den Wohnstil einer Bergarbeiterfamilie in den 1930er-Jahren. Das von einem Förderverein unterhaltene Bergarbeiter-Wohnmuseum ist dreimal wöchentlich an Nachmittagen geöffnet.

Rechts:
Trautes Heim, Glück allein. Die Akkuratesse der Wohnungen stand in scharfem Gegensatz zu den schroffen Arbeitsbedingungen unter Tage.

Oben:
Der Küchenschrank, hier im Bergarbeiter-Wohnmuseum in Lünen, war eines der wichtigsten Möbelstücke, beherbergte er doch neben Geschirr, Gläsern und Töpfen auch viele Lebensmittel.

Links:
Ein Kohleofen in der Küche war im Ruhrgebiet natürlich eine Selbstverständlichkeit. Dies umso mehr, da Bergleute ja ein Kohledeputat erhielten.

Unten:
Mitten im Herner Stadtteil Baukau überrascht das Wasserschloss Strünkede mit seinem historischen Ensemble. Das Schloss gilt als einer der schönsten Renaissancebauten aus dem 16. und 17. Jahrhundert im westlichen Deutschland.

Ganz unten:
Eine Gartenstadt par excellence ist die Siedlung Teutoburgia in Herne. Neben dem großen Grünanteil begeistert die Siedlung vor allem auch durch ihre architektonische Vielfalt.

Rechts:
Auf dem Gelände des früheren Kohlebergwerks Friedrich der Große – Mont Cenis in Herne steht heute ein spektakulärer Glaspalast. Er dient unter anderem dem Innenministerium von Nordrhein-Westfalen als Fortbildungsakademie.

AKADEMIE
MONT-CENIS

Links:
Die Halde Hoheward im Süden von Herten bildet gemeinsam mit der benachbarten Hoppenbruch die größte Haldenlandschaft des Ruhrgebiets. Zu den abwechslungsreichen Ausblicken gehört auch dieser über „Zeche Klärchen" im Emscherbruch.

Unten:
Eine kreisrunde Ebene mit 80 Meter Durchmesser und zwei Bögen mit Radien von 43 und 45 Metern bilden das Horizontobservatorium auf dem „Gipfel" der Halde Hoheward. Es ergänzt zugleich die Landmarken anderer Halden der Region.

Ganz unten:
Wie schnell das Grün frühere Industriegebiete zurückerobert, zeigt sich auch auf dem Gelände von Hoheward. Es ist heute ein Naherholungsgebiet vor allem für die Einwohner Hertens und Recklinghausens.

Linke Seite:
Das 1908 eingeweihte Rathaus von Recklinghausen gilt als eines der auffälligsten kommunalen Repräsentationsbauten im rheinisch-westfälischen Industrieraum. Es symbolisiert zudem die Geschichte einer aufstrebenden Bergbaustadt.

Eine kulturelle Institution in Deutschland: Die Ruhrfestspiele in Recklinghausen. Entstanden in den Notzeiten der Nachkriegswinter sind sie heute eines der führenden Theaterfestivals in Europa. Einmal jährlich trifft sich die Szene im Recklinghausener Festspielhaus.

Holland, Ostsee und das Mittelmeer sind weit: Die Kanäle und Hafenanlagen im Ruhrgebiet bieten sonnenhungrigen Strandliebhabern immer pfiffigere Angebote. So auch der Lemon Beach Club im Stadthafen von Recklinghausen.

Rechts:
Ein mittelalterliches Stadtbild mit zahlreichen Fachwerkhäusern aus dem 16. bis 18. Jahrhundert ist der große Schatz des rund 56 000 Einwohner zählenden Hattingen. Den kleinstädtischen Charakter konnte sich Hattingen trotz der heute stillgelegten Henrichshütte bewahren, die eine der größten Hüttenanlagen des Ruhrgebiets war.

Unten:
Das Zollhaus in der Altstadt von Hattingen. Die Schieferverkleidung ist typisch für Häuser im Bergischen Land, das hier seine nördliche Grenze hat.

Oben:
Hoch über der Altstadt von Hattingen-Blankenstein erhebt sich die Burg des Ortes. Der Blick aus luftiger Höhe vermittelt einen besonders guten Eindruck von der alten Besiedlungsstruktur.

Links:
Das Hattinger Rathaus von 1576 zeugt als stattlicher Renaissancebau vom Wohlstand der Stadt, die damals Teil des Hansebundes war. Eisengewinnung, aber auch Tuchmacher, Gerber und Kaufleute sorgten damals für eine lange wirtschaftliche Blütezeit.

Oben:
Abendstimmung an der Ruhr bei Witten. Das Wasserkraftwerk Hohenstein ist nur eines von vielen seiner Art, der die Ruhrgebietsindustrie einen Teil ihrer Energie verdankte.

Rechts:
Nahe der Ruine Hardenstein bei Witten-Herbede befördert eine kleine Fähre Menschen, Tiere und Fahrräder über die hier noch schmale Ruhr. Mit dem Ausbau des Ruhrradweges von der Quelle bis zur Mündung hat sich das Interesse von Radlern am Ruhrlauf noch einmal erhöht.

Links:
Aus alt mach neu: Viele der älteren Häuser des Ruhrgebiets erhielten durch markante Umbauten eine deutliche Qualitätsverbesserung und sind heute gefragte Wohnobjekte im Grünen.

Seite 122/123:
Eine typische Ruhrlandschaft eröffnet sich dem Betrachter vom Harkortberg bei Wetter. Der Harkortsee zwischen den Städten Hagen, Herdecke und Wetter dient nicht nur als Flusskläranlage, sondern auch als Freizeitrevier für Dauercamper. Im Hintergrund verläuft der markante Ruhrviadukt.

HAFENAMT

Linke Seite:
An den Vorbildern norddeutscher und niederländischer Küstenstädte orientierten sich die Architekten beim Bau des Dortmunder Hafenamtes. Das 1899 fertig gestellte Bauwerk im Stil der Neorenaissance gehört heute zum größten Kanalhafen Europas.

Ganz links:
Einen Kulturtempel ziert das weithin sichtbare „U" auf dem Hauptgebäude der ehemaligen Dortmunder Union-Brauerei heute. Früher war es das Symbol für eine der größten Braustädte der Welt.

Links:
Ein Koloss aus längst vergangenen Zeiten: Der Malakoffturm der Zeche Westhausen.

Ganz links:
Herrliche Architektur des industriellen Zeitalters: Die Lohnhalle der Zeche Westhausen im Dortmunder Stadtteil Bodelschwingh.

Links:
Als das vielleicht bekannteste Industriedenkmal des Ruhrgebiets lockt das Schiffshebewerk Henrichenburg in Waltrop Besucher aus aller Welt an den Dortmund-Ems-Kanal. Nach seiner Stilllegung 1970 begann eine Phase des Verfalls, heute ist das technische Kunstwerk Außenstelle des Westfälischen Industriemuseums.

BRINKHOFF'S
Döner

Links:
An jedem zweiten Wochenende während der Bundesliga-Spielzeit bebt der Signal Iduna Park, die Spielstätte von Borussia Dortmund, unter den Anfeuerungsgesängen der Fans.

Unten:
Mit 80 500 Plätzen ist das Stadion von Borussia Dortmund das größte reine Fußballstadion in ganz Deutschland. Seine markanten gelben Pylone sind weithin sichtbar.

Ganz unten:
Fußball hat im Ruhrgebiet schon immer eine besondere Rolle gespielt. In Dortmund elektrisiert das Spiel der Borussia seit vielen Jahrzehnten die Massen. Höhepunkte der Vereinsgeschichte waren neben sechs deutschen Meisterschaften der Gewinn des Europapokals der Pokalsieger 1966 und der Sieg in der Champions League 1997.

Rechts:
Die Ruine der Ritterburg Hohensyburg im Dortmunder Süden. Vom Plateau in 220 Meter Höhe bietet sich dem Besucher ein herrlicher Blick auf den Hengsteysee und in das Tal der Lenne, die unterhalb der Hohensyburg in die Ruhr mündet.

Unten:
Nur wenige historische Gebäude zieren die Innenstadt Dortmunds. Zu ihnen zählt die Reinoldikirche, eine dreischiffige Basilika mit Langhaus und dem 100 Meter hohen Westturm, der heute ein Wahrzeichen der Stadt ist.

Oben:
Klare Formen prägen die Stadt- und Landesbibliothek Dortmunds, die zwischen 1996 und 1998 erbaut wurde. Ihr Entwurf stammt aus der Feder des Schweizer Star-Architekten Mario Botta.

Links:
Die Innenstadt von Dortmund ist nicht nur an Sonnentagen belebt. Mit rund 580 000 Einwohnern und einem großen Shopping- und Kulturangebot hat die westfälische Metropole ein großes Einzugsgebiet.

HANNOVER

Linke Seite:
Schleusenkunst außer Dienst am Dortmund-Ems-Kanal. Natürliche und künstliche Wasserstraßen erschließen das Ruhrgebiet in fast alle Richtungen.

Die Schleuse Hamm am Datteln-Hamm-Kanal. Für Angler bieten die stillen Gewässer vor den Schleusenanlagen beste Bedingungen, zum Beispiel beim Karpfenfang.

Ruhepause im Binnenhafen. Flussschiffer und ihre Bedarfe gehören zum Leben fast aller Städte zwischen Duisburg und Hamm.

Der gläserne Elefant im Maximilianpark von Hamm gehört zu den ungewöhnlichsten architektonischen Umbauten stillgelegter Industrieareale. Er verziert die ehemalige Kohlenwaschanlage auf dem Gelände der Grube Maximilian.

Einer der größten südindischen Tempel Europas steht in Hamm und bildet mit dem industriellen Umfeld – für das Ruhrgebiet typisch – deutliche Kontraste. Der im Sommer 2002 geweihte Sri Kamadchi Ampal-Tempel wurde streng nach rituellen Vorgaben konzipiert.

Rechte Seite:
Aliens im Ruhrgebiet? Das „Ei des Colani“ auf dem ehemaligen Förderturm der Lünener Zeche Minister Achenbach legt dies fast nahe. Das 300 Quadratmeter große Kunststoffbüro in luftiger Höhe symbolisiert aber nur eindrucksvoll den Strukturwandel der Region – es steht zudem mitten auf dem Gelände des Technologiezentrums LÜNTEC.

Register

NIEDERLANDE
Emmerich
Rhein
Werther-bruch
Loikum
Hamminkeln
Marienbaum
Wardt
Archäologiepark
Bislich
Xanten
Labbeck
Römische Arena
Balberg
Büderich
Sonsbeck
Kevelaer
Borth
Alpen
Saalhoff
Geldern
Kamp-Lintfort
Neukirchen-Vluyn
Kempen
KREFELD
Nettetal
DEUTSCHLAND
Willich
Viersen
Kaarst
MÖNCHEN-GLADBACH
Grevenbroich

Münsterland
Coesfeld
MÜNSTER
Warendorf
Bocholt
Borken
Heubach
Dülmen
Dortmund-Ems-Kanal
Dingden
Lembeck
Lavesum
Sythen
Hohe Mark
Borken-berge
Lüdinghausen
Rhade
Wasser-schloss
Haltern
Ahlen
Brünen
Wulfen
Flaesheim
Schermbeck
Lipprams-dorf
Die Haard
Ahsen
Haus Ermelinghof
Heessen
Lippe
Wesel
Dom
Pedden-berg
Dorsten
Lippe
Selm
Horst
Schloss Oberwerries
Uentrop
Lippe
Hünxe
Marl
Oer-Erken-schwick
Schloss Cappenberg
Cappen-berg
Werne
HAMM
erdrichs-feld
Warner Bros. Movie World
Datteln
Herringen
Voerde
Hövels-berg
Kirch-hellen
Polsum
RECKLING-HAUSEN
Runthe
Freizeitpark Schloss Beck
Suder-wich
Waltrop
Lünen
Haus Reck
Rhynern
öllen
Scholven
Herten
Schiffshebewerk
Bergkamen
Dinslaken
Gladbeck
Eckeresse
Henrichen-burg
Bram-bauer
Bönen
Rhein
Buer
Horst-hausen
Deme
Kamen
Elling-horst
Erle
Castrop-Rauxel
GELSENKIRCHEN
Eving
Marxloh
Brackel
Werl
soy
BOTTROP
Alpincenter
Wanne-Eickel
HERNE
Wickede
Unna
Hemmerde
Revierpark Vonderort
Zeche Zollverein
Revierpark Gysenberg
Kirch-linde
DORTMUND
Fahrn
Dorstfeld
Holz-wickede
Bausen-hagen
Gasometer
Dellwig
Watten-scheid
Grumme
Sölde
Meiderich
OBERHAUSEN
ESSEN
Bergbau-museum
Werne
Signal Iduna Park
Hörde
DUISBURG
Schloss Styrum
Kray
Eichling-hofen
Fröndenberg
Speldorf
Dümpten
Ruhrlands-museum
BOCHUM
Ruhr
MÜHLHEIM
Horst
Kemnader See
WITTEN
Menden
Rhein-hausen
Grugapark
Eisenbahn-museum
Schwerte
Schloss Broich
Bredeney
Überruhr
Herbede
Syburg
Hohensyburg
Ruhr
Saarn
Villa Hügel
Herdecke
Ergste
Hütten-heim
Baldeney-see
Byfang
Hattingen
Wengern
Hengstey-see
Ruhr
Werden
Harkort-see
Iserlohn
Hemer
Großen-baum
Kettwig
Wetter
Lenne
Schloss Hugenpoet
Sprockhövel
HAGEN
Heiligenhaus
Velbert
Haßlinghausen
Hohen-limburg
Gevelsberg
westfäl. Freilicht-museum
Ratingen
Volme
Rhein
Kluterthöhle
Dahl-Priorei
Ennepetal
Lennegebirge
WUPPERTAL
usch
Schwelm
Mettmann
Rüggeberg
Breckerfeld
DÜSSELDORF
Ennepe-talsperre
Lüdenscheid
Plettenberg
Wupper
SS
Hilden
REMSCHEID
SOLINGEN
Langenfeld
Rhein
Wermels-kirchen
Dormagen
Monheim

So. Schicht im Schacht. Und jetzt ein lecker Pilsken vor einer Trinkhalle in Dortmund.

Danksagung und Werkangaben
Wir danken für die freundliche Genehmigung von VG Bild-Kunst und dem Künstler Karl Manfred Rennertz sein Werk auf der Titel Titelseite und auf der Seite 94/95 abbilden können:

Karl Manfred Rennertz:
„Große Säule aus der Lichtenthaler Allee“,
Iroko Holz, feuergeschwärzt, 2003, ca. 5,25 m
im Innenhof der Zeche Zollern, Dortmund

Impressum

Buchgestaltung
www.hoyerdesign.de

Karte
Fischer Kartografie, Aichach

Printed in Germany
Repro: Artilitho snc, Lavis-Trento, Italien
www.artilitho.com
Druck und Verarbeitung: Offizin Andersen Nexö, Leipzig

Bildnachweis
Alle Bilder von Brigitte Merz mit Ausnahme von:
S. 100 links: mark benecke und kristina baumjohann /
www.benecke.com
S. 127 oben und unten: Borussia Dortmund / www.bvb.de

ISBN 978-3-8003-4063-7

Unser gesamtes Programm finden Sie unter:
www.verlagshaus.com

Glückauf